U0920829

# 生活，在别处

## [ 海明威影像集 ]

[美国] 玛瑞儿·海明威
鲍里斯·维多夫斯基 —— 著

高方 等 —— 译

译林出版社

图书在版编目（CIP）数据
生活，在别处：海明威影像集 ／（美）玛瑞儿·海明威(Mariel Hemingway)，（美）鲍里斯·维多夫斯基(Boris Vejdovsky)著；高方，王天宇，吴天楚译．— 南京：译林出版社，2019.10
ISBN 978-7-5447-7426-0

I.①生… II.①玛… ②鲍… ③高… ④王… ⑤吴… III.①海明威(Hemingway, Ernest 1899—1961) – 传记 – 图集 IV.①K837.125.6-64

中国版本图书馆 CIP 数据核字（2018）第 133986 号

Originally published in France as:
*Hemingway, la vie et ailleurs*
by Mariel Hemingway and Boris Vejdovsky


著作权合同登记号　图字：10-2016-441 号

**生活，在别处：海明威影像集　［美国］玛瑞儿·海明威　鲍里斯·维多夫斯基／著　高　方　王天宇　吴天楚／译**

责任编辑　宋　旸
装帧设计　崔晓晋
校　　对　蒋　燕
责任印制　单　莉

原文出版　Michel Lafon Publishing S.A., 2011
出版发行　译林出版社
地　　址　南京市湖南路 1 号 A 楼
邮　　箱　yilin@yilin.com
网　　址　www.yilin.com
市场热线　025-86633278
排　　版　南京展望文化发展有限公司
印　　刷　南京爱德印刷有限公司
开　　本　889 毫米 ×1194 毫米　1/12
印　　张　17
插　　页　4
版　　次　2019 年10月第 1 版　2019 年10月第 1 次印刷
书　　号　ISBN 978-7-5447-7426-0
定　　价　268.00 元

# *La Vie, et Ailleurs*

HEMINGWAY

# HE MING WAY

# 目　录

他是绅士、猎人，他酷爱垂钓，热爱美食和美酒，钟情于简洁的文字，他是我的祖父。“老爹”[1]在我出生前就去世了，确切地说，他是在我出生前三个月离世的，不过，他留给我们，留给我和我身边的人以创造的力量，我生活的方方面面都呈现了这一力量。每一天，都会有事情让我想起他的才华、他的力量和影响了世界上千百万人生活的馈赠。他改变了美国作家的写作方式，他在全世界文学爱好者心目中依旧占据着重要地位。他洗练的书写让人着迷，在法国，在古巴，在西班牙，在意大利，在佛罗里达或爱达荷，许多艺术家渴望经历他的非凡人生。身为冒险家的他至今依旧给我们启发与灵感。

我的父亲杰克是欧内斯特的长子。我十岁的时候，父亲带我去巴黎，领我参观这座神奇之城，向我展示他成长的地方，在这期间我们一起读了《流动的盛宴》。我们骑着自行车在街巷中穿行，如同从前他和他父亲那样……我们经过杜伊勒利宫，经过“老爹”在巴黎的第一所公寓的楼下，以及他第一次看到塞尚的梨子静物画的地方。我们在西尔维亚·毕奇的书店买了一本书，看到欧内斯特和被他封为导师的詹姆斯·乔伊斯、弗朗西斯·斯科特·菲茨杰拉德、巴尔扎克等人的作品放在一起。在巴黎这座城市，欧内斯特成为一名作家。他离开美国之时对自身发起了挑战，要成为最好的，最伟大的，还要活得彻底。巴黎引导着这位饱含激情，对一切都如饥似渴，要变得与众不同的人。居住在巴黎，哪怕仅仅在街头漫步，我们都能够感受到这座城市呼出的能量。我们能明白为何他喜爱坐在街头咖啡馆写作，在那儿可与妙曼的女子为邻，体会湿漉漉的石板路的气息中混杂着热羊角面包和牛奶咖啡的味道。他热爱生活馈赠的所有财富。

我能理解他非凡的品位：用最好的钓鱼线，品最好的波尔多酒，追求宴会上最美的女人，我的祖父知道什么是最好的。他想要去尝试，去品味，去感受，去迎战自身的极限。对他来说，只有直面才华、权力和危险，一个人才能激发出自身卓越的一面。他明白一个人只有拥有非凡的经历才能成长。

作为欧内斯特·海明威的孙女，我很幸福，因为我能感受到他给我的馈赠，那就是看到生活能够赋予我们的非同寻常的一面。“老爹”热爱自然，崇尚朴实，喜欢美食和朋友。他能够甄别出最为独特的事物。我的内心也具备这一点，每一天我都在感谢它能够让我从最简单的一事一物中体会到精妙之美。无论是晨间的一杯茶，还是爱达荷山脉秋色初显时拂起的微风，我都能以不同的目光来看待它们，那是因为我的出身，因为我继承了祖父的血脉。海明威的血在我身上流淌，他是我的财富，身为他的后代，我无比荣耀。

玛瑞儿 · 海明威

1　老爹（Papa）是古巴人对海明威的昵称。——编注

花白的络腮胡，不羁中透着温存的眼神，粗野的面庞：以上纯粹是对这位冒险作家的刻板印象。更有甚者：他化为一张褪色的照片，粘贴在渴望虚幻荣誉的童子军的相册中！而他的一生……简直是一部历险小说，各种情节应有尽有：第一次世界大战中，他是英勇的救护车司机，在意大利前线负伤；在两次世界大战期间的巴黎，他是个幻想破灭的记者，与菲茨杰拉德等人为伴；在乞力马扎罗山脚下，他是捕兽人；在古巴，他是酒吧客；在西班牙，他是消极的斗牛士；在基韦斯特，他养六趾猫；在密歇根清凉的河水里，他猎捕鳟鱼；他是美国的兼职间谍，在他的大型捕鱼船上，巡视墨西哥湾被德国潜艇侵扰的温暖水域；他是那个海上的老人……

喜欢海明威？在他去世五十多年后向他致敬？何必呢？这家伙已经不在了。像一个标本，被放进了人类博物馆，搁在一个被遗忘的展厅里。像一具美国木乃伊，定格在另一个时代，一个大地依旧未被破坏的时代。他穿越荒野，徒步、骑马或泛舟，父亲的身影将他笼罩。他的父亲是个医生，穿越人迹罕至的北美森林，为捕兽的猎人与印第安部族治病。儿时的他丝毫不喜欢蜂拥而至的环境破坏者：在他看来，这些破坏者背叛了见证他们出生的大地。一片他再也辨认不出的大地。唯有美国西北部的爱达荷州，那个他在1961年的某天早晨安详地饮弹自尽的地方，才让他感到找回遥远的山间小路，那是孩提时代关于伊利诺伊的记忆。喜欢老欧内斯特？真是荒唐！

可奇怪的是，这样一个人在今天却如此知名。难道，我们这些脆弱的人需要强大的父亲式的人物，才能从麻木中走出来吗？周日早晨，我们尚且梦想自己是自由激昂的冒险家，可到了周一，黎明的曙光方才出现，我们便又重新屈从于迷茫的命运。一个名叫玛琳·黛德丽的仰慕者曾以致敬的方式，犀利地评价道："关于欧内斯特，更了不起的是，他抽出时间做了大多数人只是想一想的事。"我们该听信她的话吗？丧钟为谁而鸣？为我们所有人，所有与时间抗争的人。

海明威的胆魄，令我们更加遗憾自己舍弃的志向和忘却的诺言（尤其是突破自我的诺言），那些轻率的放弃、被背叛的激情、强烈的恐惧——活着、爱着和死去。有一天，我们能否当一回罗伯特·乔丹，把理想置于一切之上？我们会否放弃舒适温暖的生活，离家远行，去捍卫信仰？当我们沉浸在海明威的小说中时，我们觉得自己能够做到。可一旦把书合上，我们又该去哪里寻找鼓励？该如何生活，是像热带草原上的猛兽，像斗牛场上的公牛，还是像战场上的士兵？同样的抗争。生与死的永恒较量。从一部小说到另一部小说，我们在那剧烈的"拼到底主义"中，在那流露于字里行间的激情中，汲取一切能赋予生命以意义的力量。再也不满足于空想。去经历！仅此而已。这就是为什么，在我们这个充斥着油滑的争论、谨慎胜于行动的无趣社会里，老欧内斯特比以往任何时候都具有当下性。逝去的英雄们将给予我们希望与勇气。

皮埃尔·费里—曾戴尔

# 引　言

《致傲慢的缪斯》

"生活是文学的反映。"
华莱士·史蒂文斯

欧内斯特·海明威改变了他所生活的世界，他给盎格鲁—撒克逊文学及世界文学带来的改变要大于二十世纪的任何一位作家。他笔下既反映人又超越人的人物，连同他自身的品格，为他笼罩上一道光环，这在二十世纪罕有作家能够企及。写作改变了海明威的生活和小说图景，使之变得既陌生又熟悉。

值海明威逝世五十周年之际[1]，谨以此书纪念这位著名作家，其声名之盛，就连没读过他作品的人也知道他的名字。有时我们很难将欧内斯特和他笔下的人物区分开来，要述说海明威的一生，就无法绕开他创作之外的世界。从多部小说的主人公尼克·亚当斯、《永别了，武器》中的弗雷德里克·亨利、《丧钟为谁而鸣》中的罗伯特·乔丹、《太阳照常升起》中的杰克·巴恩斯，到《老人与海》中的圣地亚哥，这些人物身上都有欧内斯特的影子。不过，问题不在于弄清这些人物有多像海明威，而在于理解海明威有多像这些人物。唯一的时间性悖论在于：我们无法狭隘地认定，作家海明威必然先于其创造的人物。要接近欧内斯特·海明威，唯有经由别处，经由写作。

我们往往错误地认为，海明威的创作不过是其生平的简单变形。所以，如果我们不将作者对母亲公然的憎恶带入《医生夫妇》或《父与子》等小说的阅读中去，那这种憎恶或许就只是普通的青春期叛逆。同理，倘若男性身上的女性气质、双胞胎、异装癖、性别混淆等主题没有在海明威的小说中反复出现，几近成为一种强迫症似的存在，那母亲格莱斯所受的有些特殊的教育（她受的教育导致她把欧内斯特与其姐姐当成孪生姐妹来对待）也不过是某种怪癖。当海明威的传记作者肯尼思·林恩断言海明威的母亲"深信欧内斯特的头发永远都会是金色"时，我们读到的是事实还是虚构？从《太阳照常升起》到遗作《伊甸园》，读者会反复读到这些主题，金发男女的主题便是其中之一。在《伊甸园》中，这些主题以复杂的形式集中爆发，将生活与创作卷入了同一个旋涡。如此一来，我们怎能不把海明威视为《伊甸园》中戴维·伯恩的后代，怎能不把戴维的失乐园视为海明威对自己丧失纯真的一种回顾式的宣告？怎能不把肯尼思·林恩所说的欧内斯特的"伊甸园般的童年"视为《伊甸园》中作者笔下散文的反映？

我们都是海明威的读者，我们接近海明威的唯一方式便是写作，海明威的写作。

---

1　原书出版于2011年。——编注

HE
MING
WAY

# 印第安人营地

## 写作的童年

海明威一家住在伊利诺伊州橡树园镇北橡树园大道439号，住宅与其他美国中产阶级无异。然而，谁都想不到，1899年7月21日，克拉伦斯·海明威医生与妻子格莱斯的第二个孩子欧内斯特的降生，将为这幢房子带来名声与光环，让它从附近乃至镇上的其他房子中脱颖而出。在六十二年的生命中，欧内斯特·海明威将一生所到之处变作独特而神秘的风景，写作与存在的体验在风景中交融，有时甚至不辨彼此。

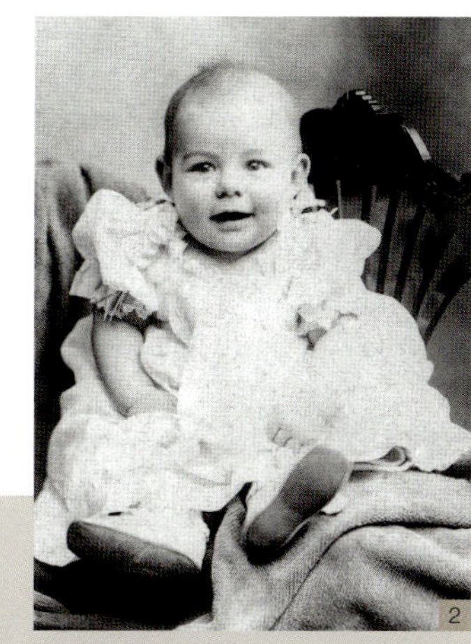

左页：欧内斯特出生的房子，位于北橡树园大道439号，现已改建为博物馆。

1 - 欧内斯特和姐妹们，摄于1906年。从左至右：玛瑟琳，玛德琳（小名叫桑妮）坐在父亲腿上，厄苏拉和妈妈，以及欧内斯特。

2 - 欧内斯特六个月时的照片。摄于1899年12月。

3 - 十八个月大的欧内斯特，被母亲打扮成小姑娘。摄于1901年1月。

4 - 最早以“真正”的男孩装扮拍摄的照片之一。当时他五岁零三个月。

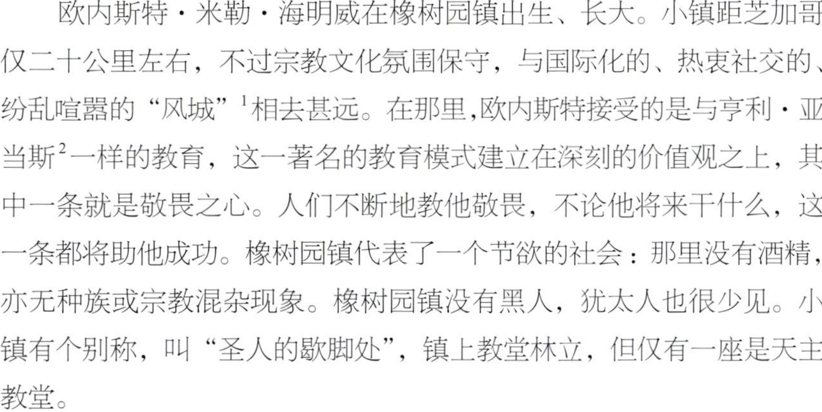

欧内斯特·米勒·海明威在橡树园镇出生、长大。小镇距芝加哥仅二十公里左右，不过宗教文化氛围保守，与国际化的、热衷社交的、纷乱喧嚣的“风城”[1]相去甚远。在那里，欧内斯特接受的是与亨利·亚当斯[2]一样的教育，这一著名的教育模式建立在深刻的价值观之上，其中一条就是敬畏之心。人们不断地教他敬畏，不论他将来干什么，这一条都将助他成功。橡树园镇代表了一个节欲的社会：那里没有酒精，亦无种族或宗教混杂现象。橡树园镇没有黑人，犹太人也很少见。小镇有个别称，叫“圣人的歇脚处”，镇上教堂林立，但仅有一座是天主教堂。

---

1　“风城”，芝加哥的别称。（文中脚注未加说明的均为译注；原注以[1]、[2]、[3]的形式标出，内容见书后附录。）

2　亨利·亚当斯（1838—1918），美国著名历史学家和文学家，著有享誉世界的自传《亨利·亚当斯的教育》等。

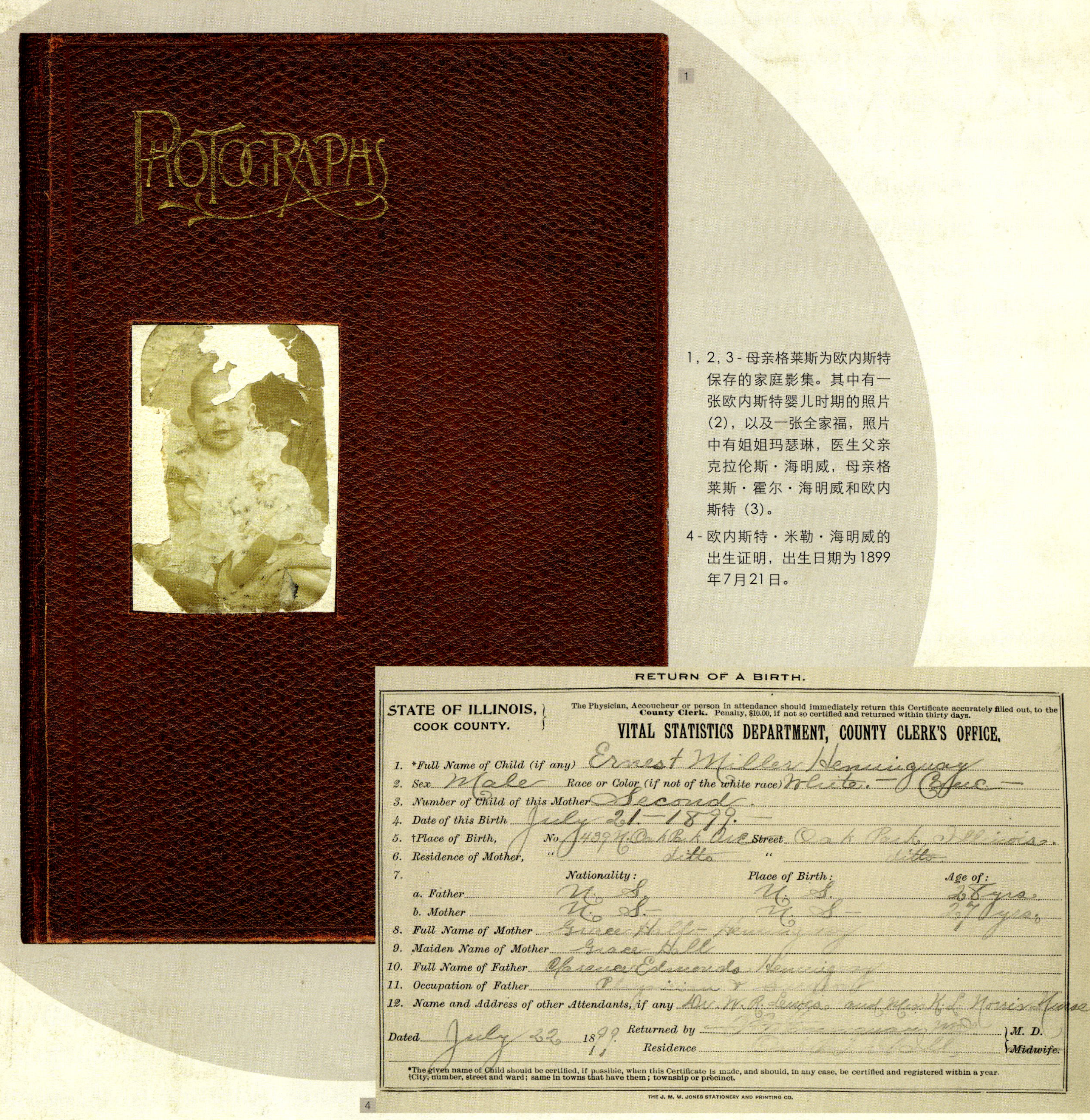


RETURN OF A BIRTH.

**STATE OF ILLINOIS,**
**COOK COUNTY.**

The Physician, Accoucheur or person in attendance should immediately return this Certificate accurately filled out, to the **County Clerk.** Penalty, $10.00, if not so certified and returned within thirty days.

**VITAL STATISTICS DEPARTMENT, COUNTY CLERK'S OFFICE.**

1. *Full Name of Child (if any) Ernest Miller Hemingway
2. Sex Male Race or Color (if not of the white race) White — [illegible]
3. Number of Child of this Mother Second.
4. Date of this Birth July 21 — 1899.
5. †Place of Birth, No. 439 N. Oak Park Ave Street Oak Park, Illinois.
6. Residence of Mother, " ditto " ditto
7. Nationality: Place of Birth: Age of:
   a. Father U. S. U. S. 28 yrs.
   b. Mother U. S. U. S. 27 yrs.
8. Full Name of Mother Grace Hall — Hemingway
9. Maiden Name of Mother Grace Hall
10. Full Name of Father Clarence Edmonds Hemingway
11. Occupation of Father Physician & [illegible]
12. Name and Address of other Attendants, if any Dr. W. R. Lewis and Miss K. L. [illegible] Nurse

Dated July 22 1899. Returned by [illegible] M. D. / Midwife.
Residence [illegible]

*The given name of Child should be certified, if possible, when this Certificate is made, and should, in any case, be certified and registered within a year.
†City, number, street and ward; same in towns that have them; township or precinct.

THE J. M. W. JONES STATIONERY AND PRINTING CO.

1，2，3 - 母亲格莱斯为欧内斯特保存的家庭影集。其中有一张欧内斯特婴儿时期的照片（2），以及一张全家福，照片中有姐姐玛瑟琳，医生父亲克拉伦斯·海明威，母亲格莱斯·霍尔·海明威和欧内斯特（3）。

4 - 欧内斯特·米勒·海明威的出生证明，出生日期为1899年7月21日。

2

Ernest's birthday

— In der Familie des Dr. Hemingway kehrte am 21. Juli ein kräftiger Junge ein.

DR. C. E. HEMINGWAY and Mrs. Hemingway are the fortunate parents of a little son, who came to their home last Friday. He was at once named Ernest Miller Hemingway, in which fact the child was fortunate above the many whose names are in doubt for months and sometimes years.

have become such a big, big boy by the time I see you again that even you will have forgotten me.

But you may forget me, you may go 'way off up to Mich. and learn to walk and talk without me but you will never be forgotten by—

Your Loving Nurse

Katherine Love Norris.

3

欧内斯特生活的文化与城市环境并无特别之处。不过，海明威一家的住处离建筑师弗兰克·劳埃德·赖特[1]设计的别墅只隔了几个街区。弗兰克·劳埃德·赖特是“草原学派”的倡导人，“包豪斯[2]风格”的先驱。这一学派提倡建造有机建筑，缩小房屋的体量，将其凝练成最基本的几何形状。日后，欧内斯特又参观了一座这样的建筑，也就是后来出现在短篇小说《印第安人营地》中的乔治叔叔的房子。海明威一家的住宅代表了芝加哥市郊居民的欧式品位；1871年大火之后，这一偏好被一种更典型的美式木结构风格所取代。

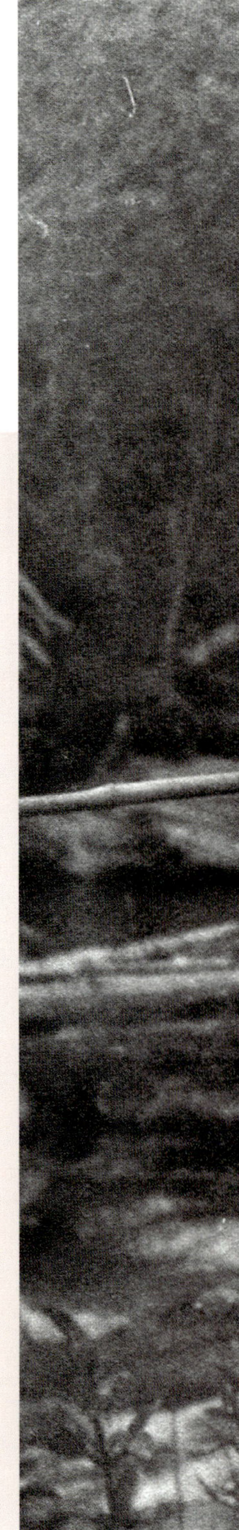

1 - 欧内斯特儿时橡树园镇的自然风光。

2，3 - 欧内斯特生于两个世界的交汇处：美国乡村的世界[1900年左右，人们在这里用传统方法建造谷仓（左图）]和二十世纪的现代世界。右图为建筑师弗兰克·劳埃德·赖特设计的别墅。

右页：欧内斯特在霍顿湾垂钓，当时他五岁。这张照片由他父亲拍摄，曾长期保存在家中。

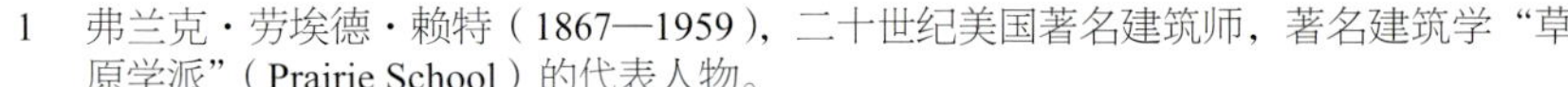

1 弗兰克·劳埃德·赖特（1867—1959），二十世纪美国著名建筑师，著名建筑学“草原学派”（Prairie School）的代表人物。

2 “包豪斯”，德文Bauhaus的音译，是对“现代主义风格”的另一种称呼。

1905年海明威的祖父去世时，家中已有四个孩子（生于1898年的玛瑟琳、生于1899年的欧内斯特、生于1902年的厄苏拉和生于1904年的玛德琳），格莱斯·海明威卖掉老宅，请人在不远的地方建了一座更大的房子。一来家里人越来越多，二来需要给克拉伦斯腾出地方开办诊所，再者也是为了满足她艺术家的自我虚荣，后来增设的豪华音乐厅印证了这一点。如果说，我们可以大胆地设想，欧内斯特将受到当时建筑的持续影响，我们至少会发现，海明威笔下风格朴实、近似几何图形的句子，与"草原学派"特有的质朴的建筑风格有某种关联。欧内斯特在《午后之死》中不正是这样描述的吗？"散文是建筑，不是室内装饰，巴洛克风格已经过时了。"

左页：欧内斯特，草间的猎人。摄于1906年。

1 - 祖父安森·海明威，欧内斯特曾在《丧钟为谁而鸣》中提到过他。

2 - 母亲格莱斯为新宅增设的音乐厅。海明威一家的新居位于北凯尼尔沃思大道600号。

下图：欧内斯特，摄于1916年2月。

我们没法确知欧内斯特是否说过，橡树园镇是由"宽阔的草坪和狭隘的灵魂"所构成，不过，这一评价虽然可疑，却很好地描述了小镇的氛围，以及小镇对他的影响。同时，小镇反映了欧内斯特即将形成的人格，以及他人为他塑造的人格。尽管传记作家们（包括欧内斯特本人）努力塑造一个反叛者的形象，但从当时的记载来看，欧内斯特更像本杰明·富兰克林而非汤姆·索亚：他是个好学生，常常出入教堂，是教堂唱诗班的一员（不情愿倒是真的）。的确，写作让欧内斯特摆脱了儿时清规戒律的新教生活，不过，没有任何迹象表明，他当时并非绝对的虔诚。同样，他在学校也乖巧听话、学习用功。他酷爱读书（跟姐姐玛瑟琳一样），继承了橡树园镇的亲英传统，上至莎士比亚，下至狄更斯，他都读过。他很少读美国文学作品，尽管不出我们所料，在他最喜爱的作品中有《哈克贝里·费恩历险记》，以及"猎人总统"西奥多·罗斯福的《非洲游踪》。最后，作为一个用功的学生，欧内斯特还曾被老师选中，于1917年6月13日做毕业演讲。不过，他后来拒绝了上大学，从记者干起，转而从事写作。

母亲格莱斯和父亲克拉伦斯构成了青年欧内斯特生活中的两极。他们培养了欧内斯特敏感的心性，这种敏感将伴随他一生，不断震荡着他写作生涯的指南针。母亲格莱斯热爱艺术和音乐。她是名歌唱家，在遇到克拉伦斯并放弃演艺生涯之前，她曾初登舞台，小有名气，不过，她并未放弃向孩子们灌输对艺术和音乐的爱好。尤其是欧内斯特的姊妹们，因为母亲自己的不得志而遭罪。母亲甚至让玛瑟琳和欧内斯特休学一年，专心学习唱歌和大提琴。在很长一段时间里，作为海明威家唯一的男孩，欧内斯特同样承受了这位既进步又专制的母亲的影响：一年一度的芝加哥艺术学院朝圣之旅成为他教育的一部分。在那里，他见识了几幅著名的艺术家画作。日后，他时常到世界各地的博物馆，尤其是马德里的普拉多博物馆和巴黎的卢浮宫博物馆，拜访这些“旧相识”。他尤其痴迷于美国自然历史博物馆里的非洲动物标本，并将它们与讲述1909年西奥多·罗斯福非洲之旅的故事和报刊文章联系在一起。这位绰号“泰迪”的总统一直是他崇拜的偶像。格莱斯常带孩子们去大西洋岸边的楠塔基特旅行。1910年，轮到欧内斯特随母亲去楠塔基特，这次旅行催生了他最初的一篇小说……或许也催生了他发现世界的欲望。在这篇小说中，欧内斯特通过写作惩罚了他的母亲，让主人公宣称自己的母亲死了。从这篇儿时习作到《士兵的家》，再到《一个同性恋者的母亲》，他不断地唤起并驱赶有关母亲的记忆。

1

My Sit mama and I went see the ford at the river It is very much higher. I got six clames in the river. And some weat six feet tall you loving son Ernest M Hemingway

3

2

欧内斯特与母亲维系着复杂而暴烈的关系，以至于有人将其视为他生活中混乱纠葛的男女关系的根源。他年轻时的同伴，1944年6月与他共赴欧洲战场并于阿登登陆的查尔斯·楚·拉纳姆（Charles T. Lanham）曾经说，每次提到他母亲，他都说“那个婊子”（that bitch），从不用其他称呼。然而，他1912年创作并保存下来的第一首诗却是献给母亲的。母亲始终是“海明威内心世界的黑女王”，一直深爱着儿子。温情的家书、蛋糕点心（她过去从不进厨房）都证实了她的爱。她试图哄骗这个想从自己身边逃走的儿子，试图将他留在身边，至少在情感上留住他。后来，即便欧内斯特不再用那么恶毒的字眼来称呼母亲，他也给母亲冠上了具有反犹意味的滑稽绰号，比如“海明斯坦夫人”，或干脆叫她“斯坦夫人”，顺便挤眉弄眼一番。

1 - 1907年。在美国阵亡将士纪念日这一天，海明威家的孩子们排成一排。祖父安森身穿军装，佩戴南北战争时的奖章，欧内斯特（左起第三）腰挎一把与自己身形不相称的手枪。

2 - 小欧内斯特一脸严肃，与父母和姐妹在一起。摄于1909年。

3 - 九岁的欧内斯特给父亲写信，拼写还很稚嫩：“星期六，我和妈妈一起，穿过了河中的浅滩。我捡了六个蛤蜊（clames），然后还拔了水草（把weed写成了weat），有六英尺那么长。爱你的儿子，欧内斯特·M.海明威。”

4 - “医生夫妇”：欧内斯特的父母，克拉伦斯和格莱斯。摄于结婚一年之后，1897年。

5 - 欧内斯特与格莱斯，正准备启程去楠塔基特。摄于1910年。

1 -“双胞胎”玛瑟琳与欧内斯特，姐姐和弟弟都是女童装扮。摄于1902年。

2 - 玛瑟琳在刻着自己名字的小船上，摄于温德米尔。不久后，厄苏拉也将拥有自己的小船。

3 - 克拉伦斯·海明威跨过一座天然石拱门，这是典型的美国自然奇观。

欧内斯特是家中第二个孩子，比姐姐玛瑟琳小一岁半。尽管两个孩子的年龄与性别不同，但有好几年时间，格莱斯·海明威坚持把欧内斯特和玛瑟琳当成双胞胎来养，甚至把两个人都打扮成小姑娘，让他们养成相似的生活习惯和行为举止。与此相反，格莱斯为了纪念父亲和兄弟，给儿子取名欧内斯特·米勒，以凸显孩子的男性气概，正如家庭相册里所显示的那样。在相册里，她称儿子为“我的宝贝儿子，一个‘真正的’男子汉”。欧内斯特虽然对外宣称什么都不怕，可有一天，他却对母亲坦言，他害怕圣诞老人不知道该给他带什么礼物，因为他跟姐姐穿得一模一样：圣诞老人怎么能发现他是个男孩呢？或许，欧内斯特缺乏自信、害羞腼腆的性格就是在那时形成的。纠缠他一生的失眠症可能也始于那个时候。后来，他曾试图将这一切归咎于战争创伤后遗症，然而这是徒劳的，斯科特·菲茨杰拉德早在1920年代就注意到，他的焦虑肯定跟童年有关。不过，最令人不解的是，欧内斯特描写过自己的各个生活阶段，且常常不加修饰，但凡是涉及与母亲关系的主题，他总是谨慎地保持距离，仿佛这段经历成了他永远的痛。

欧内斯特的父亲是一家之主。他是个产科医生，酷爱钓鱼和打猎，对密歇根高地的树林和沼泽地了如指掌，对当地的印第安居民也很了解。他还是个恪守传统道德观念的人：他不能容忍喝酒和抽烟，这倒没什么，可身为一个虔诚的清教徒，他连打牌和跳舞都要谴责。当格莱斯让“双胞胎”上舞蹈课时，当她干出伤风败俗之事——某天下午在凯尼尔沃思大道的新居里为两个孩子举办舞会时，克拉伦斯觉得，自己一家之主的身份被妻子剥夺了。在《医生夫妇》及其他短篇中，欧内斯特曾提及过这对将紧张的关系强行压抑的不和睦的夫妻，尤其是在《父与子》中，他让故事里的父亲列举了一系列“恶行”，所有恶行都与性有关。他让笔下的尼克说，他的父亲“（对打猎和钓鱼）无所不知，在性方面却是个外行”。不过，正是这位父亲引领儿子去冒险，穿越密歇根高地未被西方文明驯服的丛林地带。在那里，父亲熟练的枪法和鹰一般的眼力（当时他的视觉灵敏度已大不如前），都给欧内斯特留下了深刻的印象。

海明威夫妇与女儿玛瑟琳和厄苏拉坐在栅栏上。这种栅栏是美国中西部的典型风貌，诗人沃尔特·惠特曼曾作诗歌颂过。

1 - “温德米尔”，海明威一家位于密歇根北部的夏季居所。

2 - 克拉伦斯是经验丰富的渔夫和猎人，正是他把这些技能传授给了欧内斯特。

3 - 夏季居所内景；格莱斯在这里写下了一首歌颂当地的歌：《美丽的瓦隆湖》。

右页：欧内斯特在大自然中进行最初的创作。

1900年，海明威一家在瓦隆湖畔买下了一处夏季居所，以躲避内陆的酷暑。这栋房子被命名为“温德米尔”（Windemere），名字是欧内斯特的母亲起的，让人联想到英格兰的景色，联想到奥斯卡·王尔德作品里的温德米尔湖，或者温德米尔夫人（Windermere，名字中的第一个“r”很快就消失了）。这个依旧住着很多欧及布威族印第安人的地区，成了少年欧内斯特的另一个学习基地，他在这里钓鱼、打猎，有时和父亲一起，有时也会独自一人，或跟要好的小伙伴一起。日后，这些小伙伴都将化作尼克·亚当斯系列故事中的人物。大约二十年后，他从巴黎写给父亲的最初几封信中，仍带有最初学习渔猎时留下的痕迹，他详细描述了在卢森堡或植物园中发现的新物种。即便是身处巴黎、纽约或马德里这样的大都市，欧内斯特也从未远离过父亲引领他进入的自然世界。户外远足的经历一再闯入他的写作中，成为探索生命、性和死亡的隐喻载体，正如小说《大双心河》中那样。欧内斯特培养了敏锐的观察力，并开始将观察到的写成札记和诗。在美式童年的最后几年里，他在高中的杂志上发表了自己最初的作品。

A String of 63 fish.

Before Breakfast Aug. 1901.

[illegible] we come up from the bath. Dripping but triumphant.
Summer of 1901

"WINDEMERE"
WALLOON LAKE, MICH.

Ernest Miller Hemingway's blond curls cut off at Windemere when he was 2 yrs 1 mo old
August 1901

家庭影集。照片中有克拉伦斯、玛瑟琳和欧内斯特，1901年摄于温德米尔。

对大自然的热切关注，给了他对自由的向往，对超越自我的渴望，也给了他强健的体魄，给了他深植于美国新教伦理中的一切价值理念，这些价值理念因为美国第26任总统、美西战争中的英雄、国家的守卫者西奥多·罗斯福的倡导而重新流行。欧内斯特的身上体现了一种密歇根湖畔的采猎者所固有的粗犷的个人主义精神，还体现了一种以罗斯福形象为代表的国家自豪感，甚或是民族主义自豪感。罗斯福使“牛仔”的形象家喻户晓，牛仔不再只是牧牛人，而是成了一种符号；不仅如此，他还铸就了一种融新教价值观、对抗自然的思想，以及民族认同感于一体的美国精神。正是带着这种对基督教和美国的双重归属感，1909年，欧内斯特身着全套卡其服，欢迎路过橡树园镇的偶像罗斯福。卡其服原是罗斯福的标志，后来成了海明威的标志性着装。

同样是在1909年，过十岁生日的时候，父亲送给他人生中第一支卡宾枪，他骄傲地举着枪摆出各种姿势。我们会发现，欧内斯特的一生始终与枪为伴。枪是真正的护身符，是对男性自我的肯定，成为海明威家族不可或缺的一员。

很长一段时间，欧内斯特跟父亲关系亲近，对他而言，父亲构成了稳定的一极，“周末逃到一个没有女人的男人世界，对于两个人而言都是种解脱”。然而，随着年龄的增长，少年欧内斯特跟许多同龄人一样，疏远了儿时的偶像。当感觉到克拉伦斯对格莱斯的屈从时，欧内斯特十分痛苦，因而与父亲更加疏远了。1912年，当克拉伦斯为调理精神状态而进行休养治疗时，欧内斯特对父亲的崇拜受到了致命一击。诸如《我的老头》等短篇小说，以及后期的《岛在湾流中》等长篇小说，都重现了这段最后的时光，展现了“父亲”既暴戾又软弱的两面性。

1

1 - 欧内斯特和他最早的猎物。摄于1913年左右。

2 - 西奥多·罗斯福及其率领的骑兵团，当时他们刚刚攻下圣胡安山。摄于1898年美西战争期间。

3 - 罗斯福和“他的”大象。摄于1909年非洲狩猎期间。

2

3

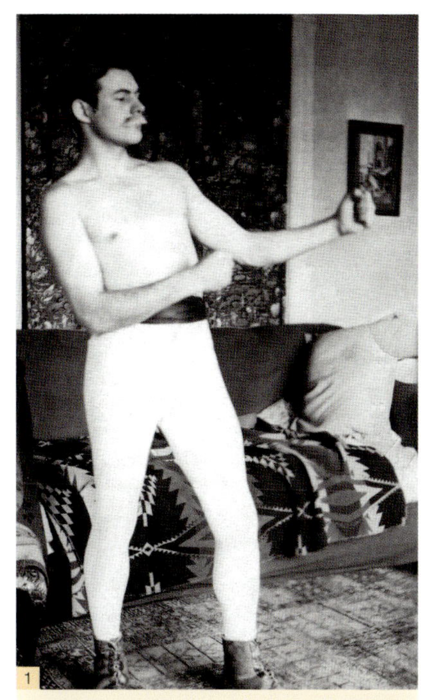

1911年，海明威家的第五个孩子诞生了：依旧是个妹妹，名叫卡罗尔。唯一的弟弟莱斯特则于1915年出生。欧内斯特当时十六岁，高中毕业在即，美国式的童年也将发生剧变。这段时间，他跟同龄的好孩子一样，学习代数、拉丁语、英语和自然科学。他是个优秀的运动员，是橡树园高中体育校队的队员，骄傲地穿着校队套头衫。他练习足球和游泳，这两项运动也是他的强项。欧内斯特喜欢打架，在姐妹们的鼓动下，经常在家门口跟人打架，如果打斗太激烈，他们便会到更隐秘的地方去。因为欧内斯特喜欢的不仅仅是拳击：他喜欢获胜。“他脸上柔和的目光掩饰了内心的狂野”，许多训练的同伴都成了打斗的对手。我们无法确知，他是否像他日后宣称的那样，在芝加哥学过拳击，但可以肯定的是，他在芝加哥参与过几次大型的斗殴。拳击和斗殴成了他生命中醒目的元素，而“生命如搏斗”也成了他最核心的比喻。

1 - 欧内斯特在镜头前模仿约翰·劳·沙利文，摆出拳击手的姿势。1921年摄于芝加哥。

2 - 格莱斯和孩子们：莱斯特（家中的老幺）、卡罗尔、玛德琳、厄苏拉、欧内斯特和玛瑟琳。1916年摄于温德米尔。

3 - 欧内斯特与高中足球队成员的合影。摄于1915年11月。

就在欧内斯特即将告别青少年的时候，战争走近了他的生活。1917年，当美国于4月6日参战时，各国将士已经在欧洲的战壕中激战了三年之久。6月13日，欧内斯特高中毕业。他读到一本自传体的战争小说，作者是英国人休·沃波尔。后来，欧内斯特在小说《了却一段情》中提到过这位作家的另一部作品《坚毅》(*Fortitude*)。那部自传体小说名为《黑暗森林》(*The Dark Forest*)，它在欧内斯特的生活与虚构之间，构成了某种既奇特又令人不安的联系。欧内斯特后来背离了沃波尔那种维多利亚式的写作风格，然而沃波尔小说中的情节似乎成了欧内斯特自己的经历：一个年轻人因视力不佳而被拒绝入伍，于是自愿加入红十字会，后来疯狂地爱上了一个年轻的女护士，体验到了爱与死的极致。[1] 从这篇小说中，我们可以同时看到欧内斯特的个人经历，以及他的第二部大作《永别了，武器》的故事情节。不过那个时候，欧内斯特还只是在想象中见到过武器。父亲不许他参军，决意要他遵守家庭传统，与姐姐玛瑟琳一同去奥柏林学院[1]继续学业。欧内斯特拒绝从命。最后，父亲疲于争吵，遂通过兄弟的关系，推荐儿子去了《堪萨斯城星报》(*Kansas City Star*)当记者。

憧憬战斗的年轻人开始对撰写当地行政新闻的差事感到十分厌烦。最终，他被派去警察局和市医院，调查社会新闻和意外事故。这更适合他。在主编的严格要求下，他开始形成自己的写作风格，早期的作品也打上了新闻写作的印记：句式简短、有力、凝练；形容词被摒弃，而且正如亚伦·霍奇纳[2]后来所写的那样，欧内斯特开始警惕“漂亮话”的使用。报社的所在地堪萨斯城是密苏里州人口最多的城市，那里是1920年代爵士乐的中心，城里因而笼罩着一种氛围，就算说不上是暴力，也称得上是狂热。堪萨斯的生活并未彻底改变欧内斯特，但他体验到了自由和独立，同时，也头一回体验到了一种颠覆橡树园镇伦理道德的环境。

---

1 奥柏林学院(Oberlin College)，位于俄亥俄州，是美国一所顶尖的私立文理学院。

2 亚伦·霍奇纳(Aaron Hotchner，1920— )，美国编辑、小说家、编剧和传记作家，著有传记作品《老爹海明威》(*Papa Hemingway*)。

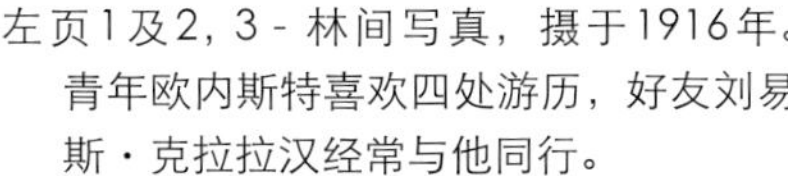

左页1及2，3 - 林间写真，摄于1916年。青年欧内斯特喜欢四处游历，好友刘易斯·克拉拉汉经常与他同行。

4，5 - 欧内斯特爬上货车车厢拍照，模仿为了免费搭车而爬火车的流浪汉。

欧内斯特心里明白，密苏里的生活只是暂时的，他还是要去参军的。在1942年的一封信中，他袒露了年轻时的天真："我那时愚蠢极了……我记得，那时在我脑子里，这场战争就像一场比赛，我们是美国国家队，奥地利人则是对手队伍。"尽管他总是说，视力不好妨碍了他加入正规军，不过，也有可能是《黑暗森林》留下的故事印象，以及某种出于现实的考虑，"让欧内斯特绕开了壕沟战，尽管他满怀爱国之心"。于是，他后来与一个同伴一道，成了美国红十字会的志愿救护车司机，得到了一套漂亮的少尉制服，还在纽约第五大道接受了伍德罗·威尔逊总统及夫人的检阅。之后，他于1917年5月21日起航，横渡密布着德国潜艇的大西洋。小说《决战前夜》反映的就是这次越洋之行，这也是他第一次在小说中离开美洲。随之离去的还有童年，这段心路历程被记录在小说《与青春同行》（*Along with Youth*）中，不过这部长篇没有完成，也从未被续写。在起航的几周之前，他最后一次和留在故乡的朋友们钓鱼、划船——在小说《印第安人营地》中，少年尼克用手划过冰凉的河水，"他非常肯定，他永远不会死"。

左页：欧内斯特在河中捕鱼，如同《大双心河》中的尼克。摄于1916年。拍照的姿势和照片的构图都是精心设计的。

左图：炫耀捕获的鳟鱼，这个姿势日后成了他的标志性动作。1919年左右摄于霍顿湾。

HE
MING
WAY

# 在异乡

## 欧内斯特·海明威的战争

“秋天，战争不断进行着，但我们再也不去打仗了。”[2]《在异乡》以这样一句话开篇。这是欧内斯特最感人的、以战争为题材的短篇小说之一，一直为他本人所喜爱。与其他同类型小说中随处可见的战争描写不同，这个故事闭口不谈战争，而是描述了米兰的一家康复中心里，一群远离前线的伤残老兵平静、坚忍的绝望心境。海明威的传记作者一致认为他对空间的感受力非常敏锐，“能在他的地理环境描述中清醒地感受到战争所带来的痛苦”。小说的标题与开头表明，对于欧内斯特而言，战争不仅是一个历史事件，更是一个奇特且痛苦的场所；战争所造成的肉体和精神创伤，将永远成为欧内斯特生命的一部分，即便它只是在字里行间隐约闪现，或者如同一个缺席的、不在场的人物。在1958年，欧内斯特曾宣称自己一直想成为作家，但事实上，他真正的文学生涯始于第一次自愿参战并从前线返回之后。当然，在这之前，他曾在橡树园中学接受过正规教育，后来又作为实习记者在《堪萨斯城星报》工作了一段时间，他甚至还在当地的杂志上发表了一些短篇故事。然而，是战争（按照罗曼·加里的理解）构建了海明威的欧洲教育并使其真正直接地踏入了写作的世界。

欧内斯特历经了大半个二十世纪，曾三次参战。1951年，在哈瓦那暂居时，他吐露自己感到“浑身不自在”，因为“朝鲜战争爆发。这是第一次我的国家作战，而我却不在那里，食不甘味啊，如果生不出孩子，就让爱情见鬼吧”。这段话表明，对于欧内斯特而言，爱情与死亡、生活与战争始终是息息相关的。他的一些短篇，以及三部伟大长篇《永别了，武器》《丧钟为谁而鸣》，以及后来反响不佳的《过河入林》，均反映了他的战争经历。然而，这些作品并不是传记，因为即便“其中的地理描述准确无误”，在创作之前，欧内斯特并没有直接的战争体验：在奥意战争前线短暂停留期间，他并没有像《永别了，武器》中的主人公弗雷德里克·亨利一样参加战斗，评论家们可能也很难相信欧内斯特并没有真正参与意军从卡波雷特的撤退，而正是这次撤退构成了小说的第三部分，所有小说中的“别处”都被刻上了作者真实生活中的“此时此地”的印记。

左页及1，2 - 他的护照照片。摄于1921年。

3 - 海上远航的召唤。此时，欧内斯特十五岁。三年后，他开始了自己的第一次远航，向着欧洲，向着战争。

1918年春，欧内斯特到达欧洲，他先途经波尔多，继而越过了德国炮火下的巴黎。6月初到达米兰时，这个十八岁男孩接到的第一个任务是去搜寻因兵工厂爆炸而散落田野的尸块。《一篇有关死者的博物学论著》的叙述者用苦涩的口吻描述道："的确，我们惯于看到死者都是男人，所以见到死了一个女人就万分震惊。"已知的、被接受的死亡才拥有性别与面孔；这已不再是抽象的、辉煌的、英雄般的死亡。因为"人体被撕成碎片时并未按照解剖学原理"，叙述者感到惊讶无比；战争破坏了人体原理，让它乱了章法。而小说可以准确地还原战争的现实，重新赋予残缺的生命以章法。

在邻近米兰的后方停留了一段时间后，欧内斯特觉得自己现在的状态与当初想上战场奋战的愿望相去甚远。后来，直到他与约翰·多斯·珀索斯成为朋友后，他才知道自己在1918年就有可能已经见过这位有名的美国作家，但当时两人都没有注意到彼此。欧内斯特感到厌烦；他对特德·伯明巴克（与其同时参加战争的朋友）说道："我要离开救护车，去看看战争究竟在哪儿。"

1 - 身着军装的士兵海明威。摄于1918年。

2 - 意大利前线，坐在他的救护车上。

右图：执行死刑的小分队。摄于1918年，意大利前线。

1

2

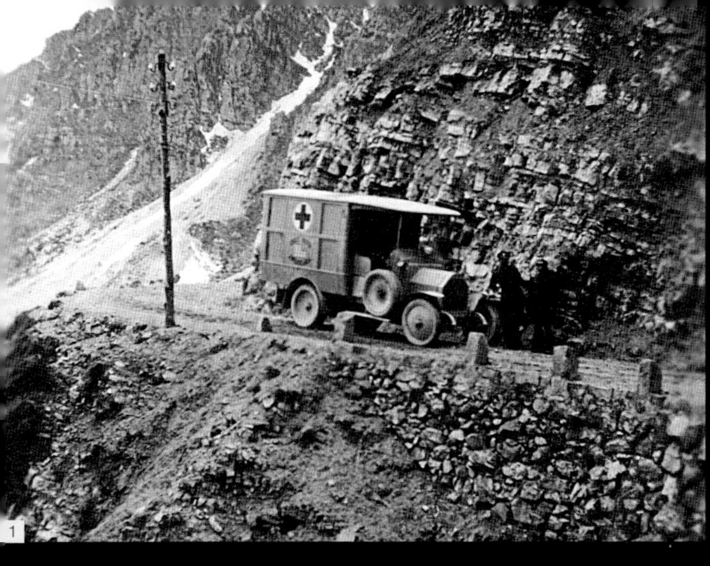

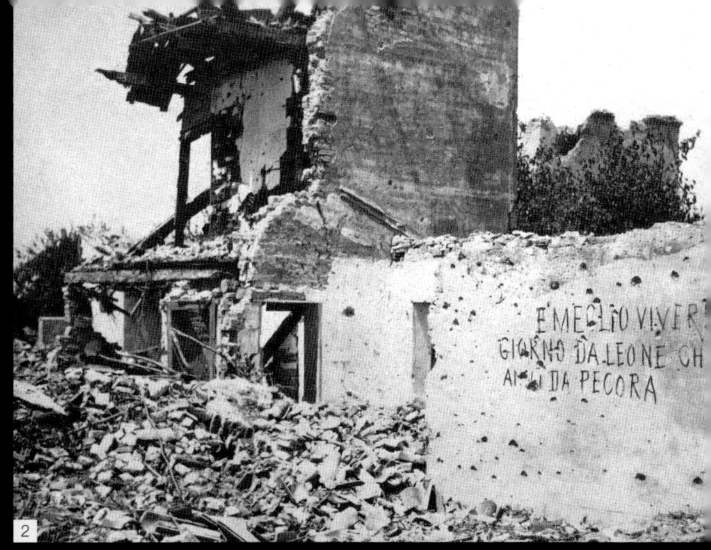

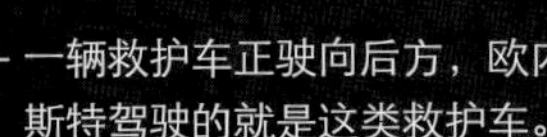

1 - 一辆救护车正驶向后方，欧内斯特驾驶的就是这类救护车。

2 - 前线之景。墙上的标语写着：“当一天的狮子好过做一个世纪的绵羊。”

3，4 - 直面战争与死亡。

3

4

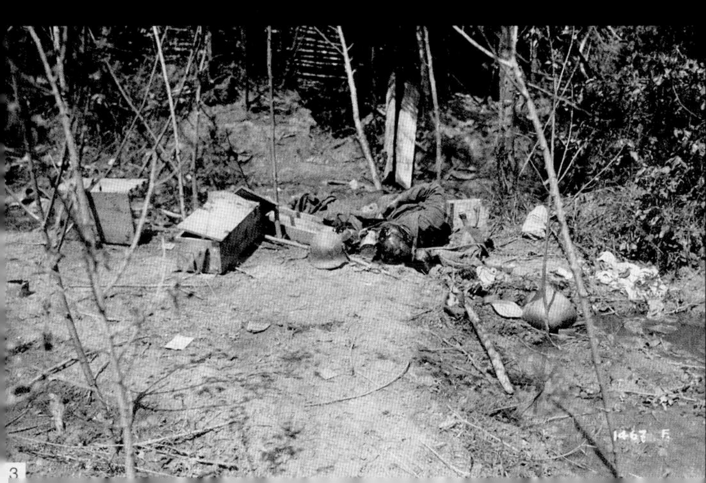

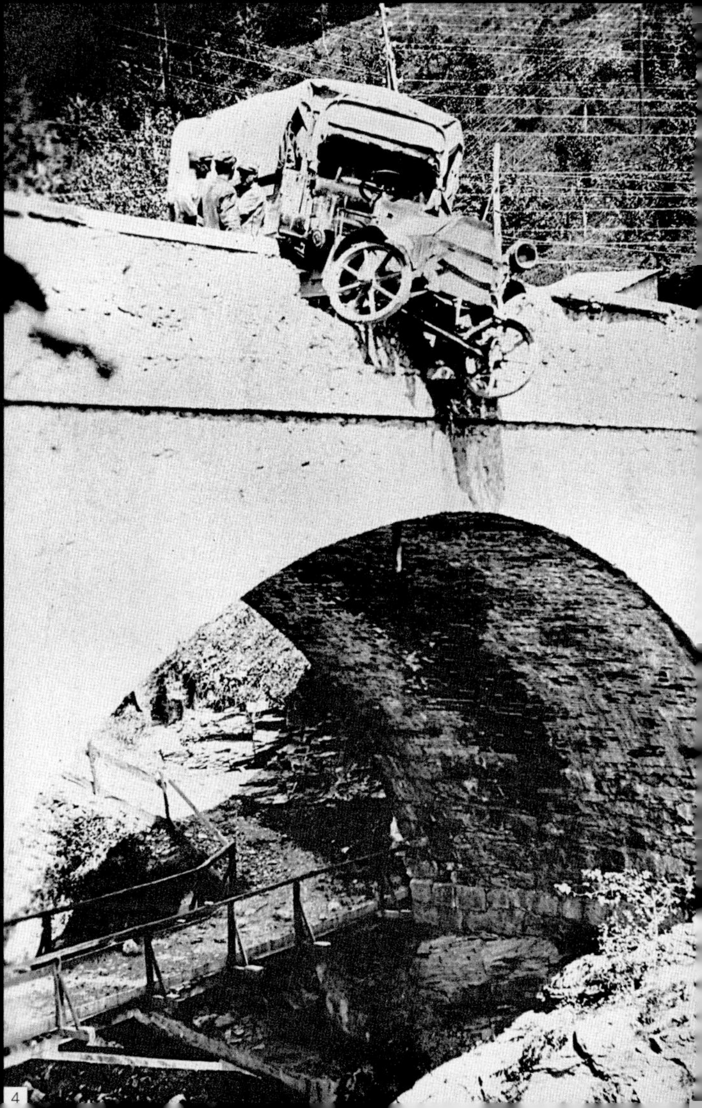

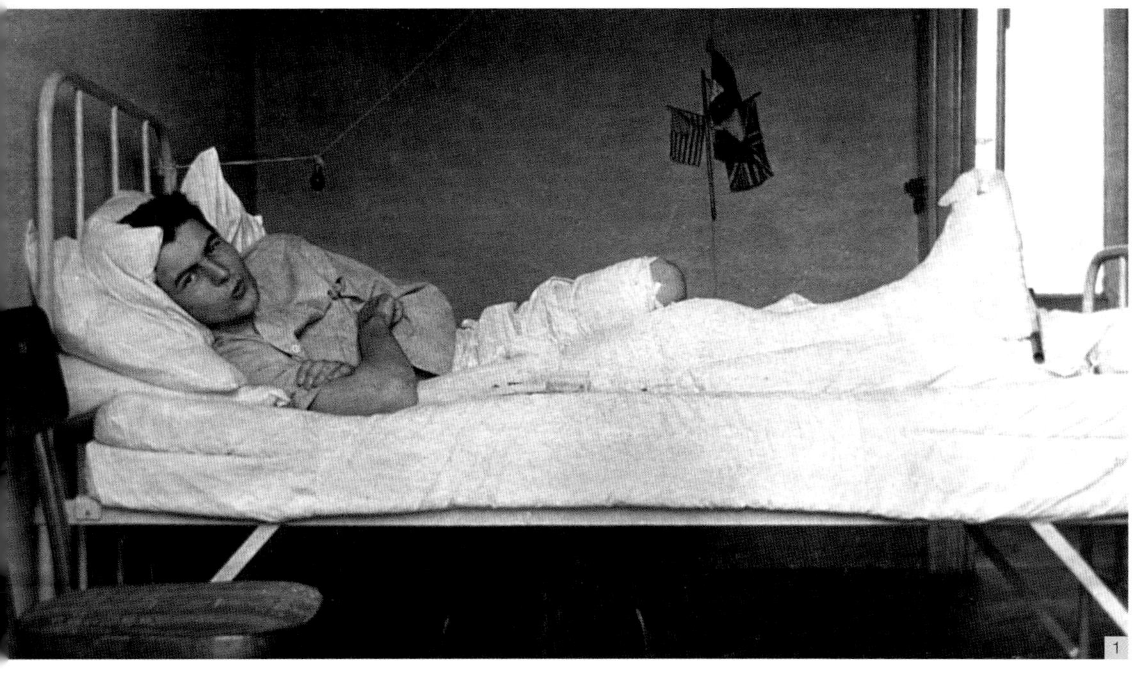

1

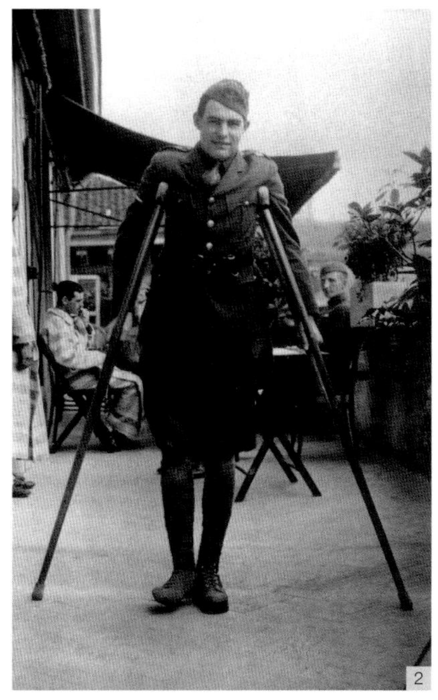

2

不过，不久之后却是战争找到了他。7月6日，欧内斯特所在的部队被调到位于多洛米蒂山麓的斯基欧市；8日，为鼓舞士气，他去给士兵分发巧克力和香烟，就在这时，一颗榴霰弹击中了他。飞散的弹片不仅炸伤了士兵，也通过这种方式，使得一个人、一个国家，甚至是整整一代人绝望。这些创伤与残缺几乎在欧内斯特的所有故事中都有反映。《太阳照常升起》中的杰克·巴恩斯在战争中失去了性能力，依据“匈奴人的观点，没有什么能比挖掉睾丸更能够摧毁一个战士”。身体被摧残的还有《越野滑雪》中的尼克，《印第安人营地》中刚当上父亲的印第安男子，《有钱人和没钱人》中的哈里·摩根等。在此期间，欧内斯特的腿部共取出200多枚弹片（“是227。”他明确地指出）。后来，他将部分弹片保存在一个小皮夹中，终生随身携带。尽管他最初写信让家人放心（“我两周后就能站立。”），但实际上，他伤得很重，需要在米兰的美国红十字会医院里休养很长时间。欧内斯特没有再返回前线。

3

不久之后，他被授予银制勋章；这枚勋章，让后方的他成了英雄。如同成千上万的人一样，欧内斯特是在“熔铝大门突然洞开而闪现的电光”中受的伤。关于7月8日究竟发生了什么，版本迭出，甚至迥然相异，欧内斯特显然美化并夸大了事实。最为真实的版本，应该是留存在小说《永别了，武器》，或短篇小说《我躺下》或《小小说》中。

4

5

6

1 - 欧内斯特躺在红十字医院的床上。摄于1918年7月。

2 - 康复中，但腿依然僵直。摄于1918年9月。

3，4 - 在米兰康复中。

5 - 为了庆祝英雄海明威回国而举行的聚会。摄于1919年2月16日。

6 - 为表彰其英勇而授予他的勋章。

欧内斯特于1919年初返回美国。1月21日，当他到达纽约时，《纽约太阳报》为他写了一篇专访。在他的家乡，欧内斯特接受了《橡树叶》的访问并特别夸大了自己的成就。也许只是为了"拿天真市民的盲从轻信取乐"，他总是详细描述自己与意大利抵抗运动者一起立下的战功，吹嘘自个儿曾在枪声连天的战火中背起一名伤员。他还在没有接受麻醉的情况下，被人从身体里取出28枚子弹。欧内斯特开始构建自身的形象，同时也获得了不知羞耻、爱吹牛的坏名声。之后，作为西班牙内战期间的记者，他声称自己曾在共和主义者身旁作战，为了使故事更加可信，他还补充道，在最激烈的战斗中，他不得不在一把机枪上撒尿来排除故障。他后来还说自己在1944年6月抵达法国后，"解放"了巴黎丽兹酒店，但这依然是一个海明威式的传奇，这个传奇将被欧内斯特自己及其众多无条件的崇拜者们流传下去。不过，那一日，欧内斯特确实无视《日内瓦公约》，扯掉了自己的记者证并混入反抗者的队伍，甚至最终成了他们的指挥官。摄影师罗伯特·卡帕很难相信欧内斯特不是一位三星将军，因为他当时排场很大，有自己的司机、联络人、令人吃惊的大批武器以及从不缺少葡萄酒与干邑的食物储备。就像欧内斯特后来借《过河入林》中的坎特威尔上校之口所说的那样："占领巴黎，那什么都算不上，[……]只是一次情感经历而已。"然而，正是值此机会，欧内斯特从近处看清了战争。不过，后来当军官们要求他宣誓并解释自己不寻常的态度时，他完全否认了这一切，并且还画蛇添足、自我吹嘘。在他的传记作者看来，他提供的这一官方版本使他的战友"非常苦恼"并玷污了他们的友谊。"小伙子"C.T. 兰哈姆后来特别提到欧内斯特为了夸大自己，曾经讲了一些"蠢话"，并由此总结，欧内斯特"在战争中是极好的，但在和平时期却令人难以忍受"。

Numero d' ordine del Registro delle concessioni 27458

Regio Esercito Italiano

Il Comandante del V Corpo d'Armata

Visto il R. Decreto 19 Gennaio 1918. n. 205:

Determina:

È concessa al Volontario Hemingway M. Ernest

di Ernest da Oak Park – C. R. Americana – 4ª Sezne Autoambulanza

la Croce al Merito di Guerra

Zona di Guerra, addì 18 Novembre 1918

Il Tenente Generale

Comandante del Corpo d'Armata

颁给年轻的救护车驾驶员海明威的十字军功章证书。摄于1918年，意大利。

THE OAK PARKER

Published every Saturday at 723 Lake street, Oak Park, Ill., by
THE OAK PARKER COMPANY
Phones: Oak Park 7800, 7801, 7802

ALBERT E. BERRY................President
M. A. J. BERRY...........Secretary-Treasurer

Entered as second class matter at the Oak Park, Ill. Postoffice.

Subscription rate $2.00 per year, payable in advance
Advertising rates upon application

## FIRST LIEUTENANT HEMINGWAY

### Comes Back Riddled With Bullets and Decorated With Two Medals

**By Roselle Dean**

When the war broke out Ernest M. Hemingway was wielding a pencil for the Kansas City Star. His future looked promising as a newspaper man, for Ernest had a style of diction that was all his own. When uniforms began to collect and circulate about the streets, the young scribe lost his interest in "scoops" and "spreads" and waxed moody and restless. The spirit of the war was in his veins! One day he tossed the pencil into the waste basket and started out to enlist. But here his patriotic spirit met with rebuff—for one of Ernest's bright brown eyes did not work as nimbly as it should in the estimation of the navy and Marine Corps recruiting inspectors. Even the British army could not overlook that eye—which to all appearances, is a perfectly good orb. But Ernest had the patriotic spirit and enthusiasm of nineteen years, and he made up his mind to "go over" at all costs. Then his opportunity came to get into the Italian ambulance service, and the young scribe sailed across—with the eye that had caused him so much trouble in enlisting—and had no doubt to its credit a record for breaking hearts. Last May he landed in the Trentino mountains of Italy and was in the big Austrian offensive along the Piave river. He moved later to Fossalta and became attached to an Italian infantry regiment there, remaining from the middle of June until he was wounded on the 8th of July. In the fight at Fossalta he was wounded three times when he went with a motor truck into the front lines to distribute cigarets and block chocolate to the soldiers. In No Man's Land, he was at the observation post when a big shell came in and burst, hitting him and killing two Italian soldiers at his side. This felled the young hero, deeply implanting shot in both knees. As soon as he was able to crawl, however, and still under fire, he picked up a wounded man and carried him on his back to the Italian trenches, despite the fact that he was knocked down twice by machine gun fire, which struck him in the left thigh and right foot. In all, Lieutenant Hemingway received thirty-two 45-caliber bullets in his limbs and hands, all of which have been removed, except one in the left limb which the young warrior is inclined to foster as a souvenir—if his surgeon-father does not deprive him of this novel keepsake.

In view of all the shot and shell which lodged itself in this soldier's body while he plunged without fear into the most dangerous places, his commission, the silver medal of valor and the cross of war are honors none too great for him to bring back. The greatest thing of

**FIRST LIEUTENANT HEMINGWAY**
**Returns from the Ambulance Service in Italy**

all, perhaps not to him, for death could have had no terrors for one who persisted in facing it as he did, but to those who love him, was that he has lived to come back.

Lieutenant Hemingway scoffs at being referred to as "a hero." "I went because I wanted to go," he said, in his frank way. "I was big and strong, my country needed me, and I went and did whatever I was told—and anything I did outside of that was simply my duty." To interview this officer, something over six feet tall and handsome as an Apollo, was quite enervating, for, after having beguiled him into The Oak Parker office, he was not disposed to talk about himeslf. Only in a general phase of conversation were his views on the war gleaned. His valor, however, preceded him across seas—his medals and Italian newspapers tell the rest. On being pinned down, he did admit that encountering a bullet was like being hit with an icy snowball, the pain arriving some time later. Lieutenant Hemingway submitted to having twenty-eight bullets extracted without taking an anaesthetic. His only volntary comment on the war is that it was "great sport" and he is ready to go "on the job" if it ever happens again.

No story is quite complete without a thread of romance, and we are inclined to believe that somewhere in sunny Italy there is a dark-eyed, olive-skinned beauty, whose heart beats for one—and one only—"Americano" soldier, who arrived in the U. S. on the Verdi about a week ago and is now domiciled with his parents, Mr. and Mrs. C. E. Hemingway, at 600 North Kenilworth avenue.

A soldier-grandfather, Anson T. Hemingway, at 400 North Oak Park avenue, who did his bit in the Civil War, also rises with the rest of us to salute "First Lieut. Ernest M. Hemingway, hero of the Italian war ambulance service."

## FIRST PRESBYTERIAN NOTES

Dr. John M. Vander Muelen of the First Presbyterian church preached in Detroit last Sunday, occupying the pulpit of Dr. Joseph Vance, formerly pastor of the Hyde Park church of Chicago. In his absence the pulpit of the First Presbyterian church was filled morning and evening by Rev. John E. Kuizenga of Holland, Mich., a professor in the Western Theological seminary of the Reformed Church of America and a long-time friend of the Oak Park pastor.

Dr. Kuizenga is one of the strong men of the denomination and, unlike some other specialists in his profession, his work in the study and classroom has not diminished his power as a great preacher. His large audiences both morning and evening expressed their high appreciation of the man and his message.

Dr. Kuizenga selected as his theme for his evening serman "The Limitations of Life," based on Paul's words in "Remember my bonds." He said when Paul wrote these words he was chained to a Roman soldier, and this was his delicate apology for his signature to a letter which he had dictated to another person. Every life, he said, had its limitations either of birth, of race or of conditions. In the second place, God reckons with our limitations. At the end He will not ask, "How far did you get?" but "How far have you come?" Browning expresses this thought in the words, "All that I aspired to be, but failed to be, comforts me." In the third place, our limitations are our supreme opportunity. "This does not mean that we accept the doctrine of submissions as a sort of fatalism," said the preacher. "I know a girl who hated God because she was homely, and her mother had told her that she ought not to complain, for God had made her that way. But God overrules the limitations of life and makes even the afflictions and hard experiences to widen the spiritual horizon and minister to the freedom of the soul."

A solo by Mrs. Smith of the choir, beautifully sung, reinforced the appeal of the sermon.

### Music at Second Presbyterian

Program of music to be given Sunday evening, February 2, at the Second Presbyterian Church by the quartet, composed of Mrs. Alfred Newman, soprano; Miss Anna C. Braun, contralto; Arthur Jones, tenor; Murray C. Eldredge, bass, and Miss Edna L. Whitmore, organist:

Prelude—Grand Offertoire in D..........Batiste
Miss Whitmore
The Strain Upraise ........................Buck
Quartet
Watchman, What of the Night?........Sargent
Mr. Jones and Mr. Eldredge
Oh, For a Closer Walk With God.......Radcliff
Quartet
The Voice in the Wilderness..............Scott
Miss Braun
Sanctus . . . ..............................Gounod
Quartet
Postlude—March in B Flat................Silas
Miss Whitmore

The Edgar Rice Burroughs home at 325 North Oak Park avenue has been leased to W. W. Fowler, 426 Clinton avenue. The lease was made by G. Whittier Gale & Co.

《橡树叶》上有关欧内斯特以及他回到伊利诺伊州的文章。

1919年从前线回来时，欧内斯特的腿伤已恢复得很好，但却忍受着创伤后遗症的折磨，这一病症当时尚未被命名。失眠与初期抑郁症一直纠缠着他；他通过阅读、在大自然中散步，甚至是酗酒，与病症做斗争。在米兰，他第一次真正坠入情网；欧内斯特的生活总在模仿小说，他心爱的女孩是一名护士（这让我们想起沃波尔的《黑暗森林》），姑娘比他年长，名字叫作艾格尼丝·冯·库洛斯基。这段故事并没有一个幸福的结局，艾格尼丝拒绝了他，选择了一位意大利军官。尽管如此，她后来还是被理想化，化身成《永别了，武器》中的凯瑟琳·勃克莱——现实带来的挫折只持续了很短的时间。

离开奇特的战争场所一段时间后，欧内斯特收获了于他而言最为重要的东西，它滋养了他的创作灵感。遭受伤害的灵与肉，与死亡的正面交锋，那种被抛弃，甚至被背叛的感受，以及永远地成为一个没有女人的男人的信念，诸如此类的主题将一直萦绕着他生活中的想象与他想象中的现实。

1 - 欧内斯特短暂追求过艾格尼丝·冯·库洛斯基。

2 - 与艾格尼丝以及其他护士一起散步。这个场景在《永别了，武器》中也曾出现。

1

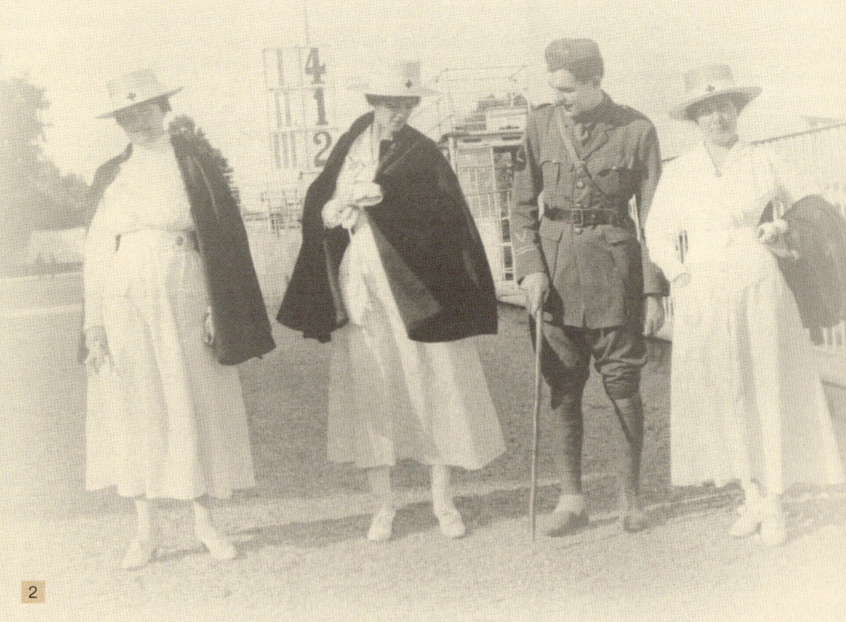


2

THE TORONTO STAR WEEKLY

不久后，欧内斯特又一次与战争相遇。1922年9月，作为《多伦多星报》的特派记者，他被派去报道希腊军队在色雷斯的撤退，以及二十世纪第一次民族大清洗中的人口迁移。在短篇小说《在士麦那码头上》中，欧内斯特以玩世不恭而又看破一切的笔调，展现了冲突之混乱、暴力，这一内容在《午后之死》中得到了再现。作者描写了那些怀抱孩子的母亲，尽管孩子死了，却不愿孩子被人夺去；或是那些被打断腿扔进水里的骡子，奄奄一息，接连数日哭号不歇。叙述者说，这地狱“需要一个戈雅”来描绘“战争的恐怖”，但紧接着，他又以一种冷幽默的口吻补充，这些濒死的动物“曾经可以要求点什么，它们需要的（不是）用绘画表现自身的处境……而更需要……有人能减轻它们的苦难”。处变不惊而又决绝淡漠，这便是欧内斯特对待战争的态度；肉体与精神的创伤击碎了战争壮烈而崇高的意义。在《太阳照常升起》的主人公，反英雄式主角杰克·巴恩斯身上，我们同样可以看到这种玩世不恭的态度。当看到镜中自己被阉割的身体时，杰克说：“在所有可能的创伤中……总之，这或许很滑稽吧。”战争给人类树起一面镜子，既照出人的伟大，又照出人的耻辱；战争也给人类戴上了冷漠的面具，一副铁胆硬汉的模样。

欧内斯特与他笔下的主人公们一样，明白战争毫无意义，但他依然追逐、渴求战争，痴迷于此，认为战争是“最有趣的户外运动”。于他而言，战争是对自身勇气与男子气概的考验，是一种存在与自恋意义上的自我展示，他日后当战地记者、热衷斗牛、猎杀巨兽，都是为了展示自我。他与危险同行，并日渐形成了一种与其笔下人物相称的处变不惊的品格；“克服了自身的恐惧后，他丝毫不能容忍那些无法摆脱恐惧的人”。《丧钟为谁而鸣》中就揭露了那些无法直面生死的胆小鬼[1]与懦夫。欧内斯特的父亲便是其中之一，1928年，他朝自己的脑袋开了一枪。直到十年后，他的儿子才就这一主题进行创作，承载这番阴郁沉思的是罗伯特·乔丹。这种沉思中夹杂着对祖父（印第安战争中的斗士）的回忆，对自杀的胆小鬼父亲的回忆，以及对母亲的回忆——“这个女人”乔装成一个不在场的形象，根据欧内斯特本人的说法，她在圣诞节把父亲用来自尽的手枪寄给了他，说枪由他来保管比较妥当。罗伯特·乔丹对父亲的行为感到厌恶：“……他是个胆小鬼。来吧，用英语说出这个词。Coward。[……]他是个懦夫，这是一个男人所能遇到的最大的不幸。”对欧内斯特来说，要么就拿出男子气，要么就什么都不是。

---

1　原文为西班牙语cobarde，意为胆小鬼。

1919年3月7日

我亲爱的男孩欧尼：

今晚，我独自一人想了很久才决定给你写这封信。我害怕这可能会伤害到你。但我相信我的这些话并不会永远使你痛苦。

在你出发前的很长时间里，我曾试图让自己相信这是一段爱情故事，因为似乎我们一直在生对方的气，你和我，这些争吵让我精疲力竭。最后，我放弃了，我将你留在了自己身边，以免你会做出一些绝望的事情。

如今，与你分别几个月后，我知道我依然很爱你，但更多的是以一个母亲的身份而非作为一个未婚妻。你当然可以叫我小淘气，但事实上我并不是；随着每一天的逝去，我越来越不会孩子气了。

那么，我的小淘气（曾经是，永远都是），在将来的某一天，你能原谅我曾经无意的欺骗吗？你知道我并不坏，不是真正的坏，你知道我并不想伤害你。现在我清楚地意识到，让你从一开始就如此迷恋我，是我的过错，我从心底里对此表示懊悔。但是，不论是将来还是现在，我都太老了，这是事实，而且我无法忘记你还只是个孩子——一个小淘气。

我自己知道有一天我会为你骄傲，我亲爱的孩子；我为那一天感到高兴，但寻求加速自己的人生是不好的。

在米兰帕多瓦的旅程中，我曾试图让你了解一些我的感受，但你表现得像个兴奋的孩子，我不忍做出任何伤害你的事情。只有到现在，当你不在我身边时，我才有勇气。

那么——哦，相信我，要对你讲的这件事情对我来说也非常突然：我想我不久就要结婚了。我希望并且会祈祷，当你整理好所有事情后，可以原谅我并开始一段精彩的人生，证明你其实是一个怎样的男子汉。

带着我的崇拜与喜爱。

你的朋友

艾吉

欧内斯特成了一位可以恣意生活的成功作家，好莱坞开始改编（这一直是最令他不快的事）他的作品，他去探索新大陆，探访了非洲的土地，而此时，他又重回前线，这一次是在西班牙。1936年7月西班牙发生军事政变，对此，热爱西班牙的欧内斯特表示强烈反对。他用出版《乞力马扎罗的雪》与《有钱人和没钱人》赚取的丰厚稿酬资助了两名志愿兵横跨大西洋，为共和主义事业出力，还出资购置了两辆救护车。当他与第二任妻子保琳在怀俄明州过夏天时，他曾写信给他的编辑，斯克利布纳出版社的麦克斯·帕金斯："盼着去西班牙，如果一切尚未结束的话。"

后来，欧内斯特克制住了想要领导"海明斯坦军"，去跟"头号垃圾佛朗哥"打一架的冲动，但当他在基韦斯特的一家酒吧里与一位前来采访他的女记者相遇时，历史加快了脚步。战争与爱情又将在他的生命中交汇。玛莎·盖尔霍恩三十岁；她是个记者，很有天赋，金发纯正，漂亮极了。当年欧内斯特为了保琳而离开哈德莱，如今历史又将再度上演。

自1937年1月起，欧内斯特迁居马德里。在那里，他与现代主义和反法西斯主义造就的顶尖人物交往，包括安德烈·马尔罗、巴勃罗·聂鲁达，以及安托万·德·圣—埃克絮佩里。他与"北美报业联盟"签订了合同，为他们报道战况。约翰·多斯·珀索斯与他成立了一家纪录片拍摄公司，旨在鼓动美国大众投身共和主义事业。在该公司拍摄的纪录片中，有荷兰共产主义导演尤里斯·伊文思执导的《西班牙大地》。

左页：摄于1937年，西班牙。

1 - 欧内斯特（左起第三个）在西班牙内战前线；导演尤里斯·伊文思站在最右边。

2 - 玛莎，微笑着并充满勇气。摄于1937年前后。

欧内斯特参加各种政治集会，在盖洛德饭店参加的尤其多；这些集会后来成了他那部战争题材的抒情巨作《丧钟为谁而鸣》的素材。小说中，正是在这家欧内斯特时常出入的饭店里举行的一次集会期间，共和派的布尔什维克军事家卡可夫向罗伯特·乔丹，这个天真的美国人，讲授了马克思主义与现实政治。乔丹绰号“El Inglés”[1]，是个西班牙文学教师，他从美国远道而来，为的是检验自己的勇气与理想。他这位政治上的导师对他说：“您不做老师已经九个月了。在这九个月里，您也许学到了一项新技能。”的确，这九个月造就了一个崭新的人，一个由战争塑造的人，这个人接受的是“那种著名的欧式教育，它教会您如何找到勇气，找到正当、合理的理由，去杀死一个对您什么也没做过的人”。“你觉得你有权利杀人吗？”罗伯特·乔丹这样问自己。战争是信仰与重生的试验场，欧内斯特终其一生都在探索它。

1

在巴黎时，欧内斯特曾对伊文思说：“我的绝色女友来了。她的腿简直是从肩膀开始的。”在盖洛德饭店，在被包围、被炮轰的马德里城中，他与玛莎（她为了记者工作追随他来到西班牙）的关系变得尽人皆知。1939年，在多次往返西班牙与美国之后，他开始写献给玛莎的《丧钟为谁而鸣》。在这之前，1938年11月，他在独裁政权建立前最后一次前往西班牙。在整个西班牙内战过程中，欧内斯特表现出一种政治纯洁主义，令人无法动怒，当他与多斯·珀索斯等其他介入型知识分子意见相左乃至发生不和时，这种纯洁主义便爆发出来。与其说欧内斯特是战争的参与者，倒不如说他是一个迷恋战争的观众，他既没有马尔罗在小说《希望》中所表达的理想主义，也没有乔治·奥维尔在《向加泰罗尼亚致敬》中表现出的介入意识。对欧内斯特来说，战争是一片发现自我、发现自身生理与存在极限的风景。欧内斯特也许会为“他身为记者所拥有的才能以及自身对传奇世界的全身心投入所累，而这一点正是通过他与玛莎的浪漫奇遇得到了强化”。但欧内斯特既不是哲学家也不是历史学家，对他而言，战争在成为一个政治或历史概念之前，首先是通过写作被理解和把握的。

2

“一个主题我从来只写一次；如果我没法在头一次写作时道出一切，那是因为这个主题不值一提。”与对待生活中的其他事一样，欧内斯特将作品中的主题用完就抛弃。对待战争也是如此。一个主题一旦被探索过就会被抛弃，就像农民热衷于烧荒，猎人穷尽一个猎区就会迁居。

3

1　西班牙语，意为英国人。

4

5

1 - 图中救护车与欧内斯特从古巴送往西班牙共和派手中的救护车类似。

2 - 西班牙农民正在阅读报纸上有关战争进展状况的报道。

3 - 罗伯特·卡帕摄于1937年，瓦朗斯。欧内斯特从前线回来后正在写作。

4 - 一次进攻后，对着死亡沉思。

5，6 - 欧内斯特在西班牙内战期间看到的日常生活：小型市场与难民潮。

7 - 罗伯特·卡帕摄于1937年12月，特鲁埃尔。前线的简陋生活。

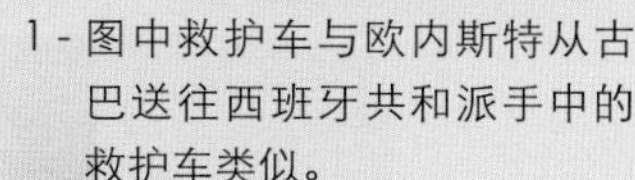

7

6

1

2

1 - 摄于1937年12月，特鲁埃尔。罗伯特·卡帕抓拍下了一个感受到战争之恐怖的欧内斯特。

2 - 轰炸和自相残杀的内战使得西班牙的村庄和村民成为牺牲品。

3 - 罗伯特·卡帕摄于1937年12月，特鲁埃尔城前。欧内斯特的脸庞在战场中极易辨认。

4 - 西班牙内战时期的平民，摄于1937年。在《丧钟为谁而鸣》中，欧内斯特根据这张照片描绘了一幅感人的画像；尤里斯·伊文思也在《西班牙大地》中展现了同样的图景，欧内斯特为该片朗读了解说词。

5 - 欧内斯特与玛莎在前线，由罗伯特·梅里曼陪同，梅里曼是美国反法西斯志愿者组成的林肯支队的指挥官。

1 - 欧内斯特与玛莎在前往中国的路上。摄于1941年。

2 - 一位正在为欧内斯特留下永恒影像的摄影师；欧内斯特成为一个和战争本身同样有趣的主题。

3 - 和中国军官一起研究前线地图。摄于1941年。

4 - 在汉口，欧内斯特以其专业的眼光观看一位士兵操练。

5，6 - 欧内斯特、玛莎以及一些中国军官。摄于1941年。

后面两页：摄于1944年，巴黎。

5

6

早在美国参战之前，欧内斯特就预见到了第二次世界大战的发生。1941年2月至3月，他陪玛莎（前一年11月，他们在怀俄明州夏延市完婚）在中国报道抗日战争。在此之前，《丧钟为谁而鸣》刚刚被改编成电影，但欧内斯特与妻子（这部小说就是献给她的）在古巴买下瞭望农场[1]时，关系已十分糟糕。玛莎是一位独立女性，不愿轻易被欧内斯特掌控。作为记者，她经常旅行，特别跟踪报道了1939年末至1940年初芬兰的冬季战争。在古巴，夫妻二人都饱受煎熬，一则双方个性都太强，二则缘于欧内斯特的某些癖好，比如恋猫、不讲卫生、对他人缺乏尊重，以及日益酗酒成性等。

亚洲的战争似乎提供了一个脱身之计，可欧内斯特却叫苦说："似乎能取悦（玛莎）的，只有缅甸小路上的蜜月之旅。"玛莎为《柯里尔氏》杂志供稿，而欧内斯特则受雇于政治新闻杂志《午后》。这次旅程令人精疲力竭，他们一路上坐轮船、乘飞机、坐卡车、徒步、骑马、坐轿车，全程约五万公里。旅途中，欧内斯特基本没有目睹战争，仅写下七则快讯。不过他通过尤里斯·伊文思见到了周恩来，并谨慎地指出，日本很有可能向美国宣战。如果说这次东方见闻对海明威夫妇的状况来说是一次适时的休整，那么旅行本身则令人大失所望。是否是因为中国是安德烈·马尔罗的文学大地？抑或是因为欧内斯特觉得不够理解这个国家？抗日战争始终没有激发欧内斯特的任何情感或想象，他也没有一部以此为背景的小说作品。

---

1 瞭望农场（Finca Vigia），海明威在古巴哈瓦那近郊买下的庄园，作家在那里居住了二十年之久。

1941年12月美国参战之前，海明威夫妇返回了古巴。此时，欧内斯特开始了离奇的间谍与反间谍侦察活动，起初是为美国联邦调查局工作，之后则利用其渔船“比拉尔号”上的设备进行反潜艇斗争。虽然欧内斯特成功地让当局相信他已经（或可能已经）在古巴海域侦察到了德国U型潜艇的活动，但事实上“比拉尔号”从未遇到过敌军。另一方面，船上的设备使他能够无视当时的机油定量配给制度，继续悠闲地捕捞马林鱼。和从前一样，欧内斯特的战争必须经由虚构来获得真实。在这段时间里，加布里埃尔·邓南遮[1]在第一次世界大战期间取得的成就，以及格雷厄姆·格林[2]所写的间谍小说，成了欧内斯特发挥想象的后方基地。尽管他的间谍组织“骗子工厂”的报告只是“纯粹的编造”，并且该组织于1943年关张，不过美国当局认为，当德国潜艇靠近美国海岸时，欧内斯特提供的情报及其行动十分可贵。直到1944年，当美国海军成功保卫了祖国领土时，欧内斯特与其同伴的巡逻队才最终停止活动。海明威再一次远离了战场；虽然他最终没有获得那枚因其在古巴海域的活动而被提名的奖章，但他在1944年荣获了表彰其战地记者工作的“铜星勋章”，并且一直是“（美国）军事史上获得勋章数最多的非军人之一”。

1 加布里埃尔·邓南遮（Gabriele d’Annunzio），意大利诗人、记者、小说家、戏剧家和冒险者。他常被视作贝尼托·墨索里尼的先驱者，在政治上颇受争议。主要作品有《玫瑰三部曲》。
2 格雷厄姆·格林（Graham Greene），英国作家、剧作家、文学评论家。

1

1 - 与美国军队在法国。摄于1944年。
2，3 - 欧内斯特参与的巴黎解放时的场景。
4 - 欧内斯特的轻型武器携带许可证，于1944年8月派发。
5 - 欧内斯特的战地记者证，于1944年5月签发。

2

3

1944年6月至12月，欧内斯特作为《柯里尔氏》的记者在欧洲战场前线度过了七个月，其间他与玛莎分手（他顶替玛莎成为特派记者）。他开始与玛丽·威尔什交往，后者成了他的第四任妻子。他将战争视为自己的专属领地，嫉妒并嘲笑那些胆敢涉足这一主题并获得成功的人，比如英国小说家欧文·肖。他把第二次世界大战称作“一次好的战争”，因为这次战争让他有机会去表现自己的勇敢、独立，去感受兄弟情谊的美好时刻。欧内斯特开始潜心创作一部充满强烈战争气息的三部曲，但除了六篇短小的文章，他只完成了一部长篇小说，即《过河入林》。这部小说讲述了一个被击垮的伤兵的故事，这也是欧内斯特在往后的回忆、自我评价，甚至是“拼写与句法”当中常常表现出的形象。事实上，他试图把最好的片段保留到他未来的作品中，因为他知道仅凭自己的名望就能换来各种优待，他甚至都不试图为《柯里尔氏》认真撰稿。

但这种名望也作弄了他几次。军事当局认为失去一个如此珍贵的公关符号实在是太过冒险，于是强迫欧内斯特待在一艘军舰上观察登陆的情况，但他一直急于上岸，与此同时，玛莎已在诺曼底登陆！欧内斯特与他作品中的一个军人角色的原型（“小伙子”兰哈姆）一样，同在法国战场。兰哈姆了解欧内斯特的偏激个性，但却容忍，甚至偶尔鼓励他这种作风，因为兰哈姆和他人一样，都为其光环着迷。欧内斯特和他一同参与了激烈的许特根瓦尔德战役，其间有2.4万美国士兵阵亡、受伤或被俘。欧内斯特曾多次参与战斗，特别是有一次，他凭借一把机枪，帮助兰哈姆的指挥所击退了敌军的进攻。也是在这个时候（1944年10月28日），他的儿子杰克在越过敌军防线后被捕，直到1945年5月才获释。由于患上肺炎，欧内斯特返回巴黎，并与玛莎在一起度过了最后一晚，其间，玛莎向他提出了离婚——这段故事连同欧内斯特的第二次世界大战的经历一起结束。《过河入林》描绘的就是这样一个经历过战争的男人，将他生命中最后一口气给了他“真正的爱，（他）最后、唯一且真正的爱”。对于海明威笔下的主人公来说，战争及其暴力是必不可少的要素，但这还不够；真正的勇气是带着尊严与“坚韧”去直面被挫败、丧失英雄地位的处境。

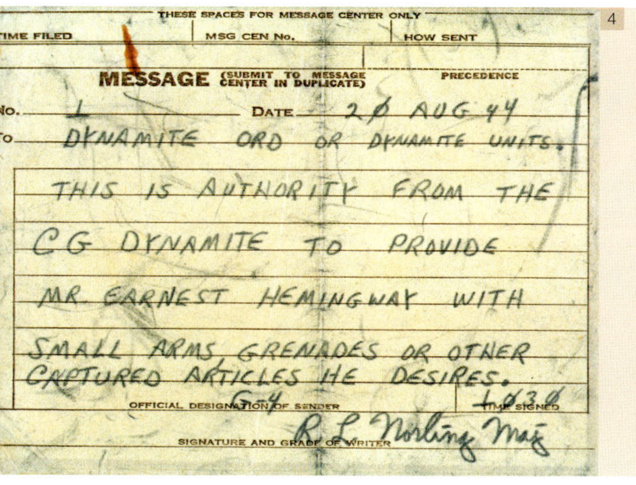

THESE SPACES FOR MESSAGE CENTER ONLY
TIME FILED | MSG CEN No. | HOW SENT

MESSAGE (SUBMIT TO MESSAGE CENTER IN DUPLICATE) PRECEDENCE

No. 1 DATE 20 AUG 44
To: DYNAMITE ORD OR DYNAMITE UNITS.
THIS IS AUTHORITY FROM THE CG DYNAMITE TO PROVIDE MR. EARNEST HEMINGWAY WITH SMALL ARMS, GRENADES, OR OTHER CAPTURED ARTICLES HE DESIRES.
OFFICIAL DESIGNATION OF SENDER G-4 TIME SIGNED 1030
SIGNATURE AND GRADE OF WRITER R. L. Norling Maj

4

CERTIFICATE OF IDENTITY OF NONCOMBATANT
(Pars. 76, 94, and 100, FM 27-10)
APO 887, 20 May 1944
(Place and date)
The bearer, ERNEST M. HEMINGWAY, whose signature appears below, is hereby certified to be Accredited War Correspondent, attached to the Army of the United States in the European Theater of Operations and, as such, in event of capture by the enemy is entitled to be treated as a prisoner of war, and that he will be given the same treatment and afforded the same privileges as an officer in the Army of the United States of the grade of Captain
By order of Theater Commander
(Signature of holder)
SEAL
ELMER F. POELKE, 1st Lt. AGD
(Signature of issuing authority)

IDENTIFYING INFORMATION
Age 45 Weight 220
Height 6 ft. – in.
Color of hair Brown
Color of eyes Brown

FINGERPRINTS—RIGHT HAND, IF OBTAINABLE
THUMB

5

HE
MING

# 流动的盛宴

## 欧洲：纯真与经验之地

THE UNITED STATES OF AMERICA

PASSPORT

C. WARWICK PERKINS

DEPARTMENT OF STATE

To all to whom these presents shall come, Greeting:

I, the undersigned, Secretary of State of the United States of America, hereby request all whom it may concern to permit

Ernest Miller Hemingway

a citizen of the United States, safely and freely to pass and in case of need to give him all lawful Aid and Protection.

This passport is valid for use only in the following countries and for objects specified, unless amended.

All Countries (NAME OF COUNTRY) — Temporary residence and travel (OBJECT OF VISIT)

The bearer is accompanied by ~~his wife Hadley R.~~

Given under my hand and the seal of the Department of State at the City of Washington the 6th day of January in the year 192_ and of the Independence of the United States the one hundred and fiftieth.

23011

PERSONAL DESCRIPTION.

Age 26 years — Mouth medium

Height 6 ft in — Chin rounded

Forehead medium — Hair brown

Eyes brown — Complexion fair

Nose straight — Face oval

Distinguishing marks

Place of birth Oak Park, Ill.

Date of birth July 21, 1899

Occupation Writer

Ernest M. Hemingway (SIGNATURE OF BEARER)

Ernest M. Hemingway

No. 147906

CANCELLED

从1921年到1925年，欧内斯特在巴黎仅生活了短短五年；然而，这段生活却留下了难以磨灭的风景，它既代表了欢乐，也象征着坠落与失望。1921年12月20日，欧内斯特在妻子哈德莱的陪伴下抵达巴黎。一年以前，他为烦恼与生计所累，辗转于橡树园、芝加哥与加拿大之间，在加拿大，他开始为《多伦多星报》撰稿。他有几个短篇小说也出自这一时期，比如以西西里（他在米兰手术后曾去过那里）为背景的《雇佣兵》《潜流》，以及《十字路口：文选》。所有的这些短篇都被所投杂志退了稿；欧内斯特感到困惑。

欧内斯特刚过完二十一岁生日，母亲就催促他以及和他一起从战场回来的朋友特德·伯明巴克搬离他们的夏季居所温德米尔，当时一切尚未安排妥当。与此同时，母亲还给他写信，嘱咐他走出青春期，信中写道："世界需要男人，需要身心同样强壮有力的男子汉。要能令他们的母亲欣赏，而非为生下他们而遮遮掩掩、羞愧难当。"她以特有的清教徒口吻，将自己的母爱比作银行，最后干巴巴地总结说，她儿子的账户已经"透支"了。

母亲命令他不许重回温德米尔，于是，欧内斯特与朋友们就像鲁滨孙一般，在大自然中一起捕鱼、生活，一起围着火堆高声读诗、梦想着远东。然而，这些浪漫的梦想背后所隐藏的，一方面是母亲的态度对其造成的伤害，另一方面则是他因为茫然失措（他甚至打算回到堪萨斯城）又无家可归而产生的满满的失落感。但是1920年"夏日的勾留"[1]（summer's lease）与往常一样短暂。是时候做出决定了。他原本想和朋友去南方，但最终还是决定往北走：去芝加哥。1920年底，他在那里认识了一个红棕色头发的年轻女孩，名叫哈德莱·理查逊。短暂的追求之后，他们于1921年9月3日在瓦隆湾的卫斯理公会小教堂里结了婚，地点离橡树园不远。双方家人都来到了现场，欧内斯特的家人大概非常高兴看到他走了一条"男子汉"该走的路。后来，海明威夫妇在温德米尔度完蜜月后便回到了芝加哥，从芝加哥到多伦多，他们的生活一直很拮据（主要依靠哈德莱的年息）。他们开始讨论前往欧洲的旅行。

左页：护照，1925年。探寻全新的视野。

1 - 胡安·米罗，《农场》。欧内斯特购得该画，赠予第一任妻子哈德莱；后被玛丽·海明威捐赠给华盛顿国家美术馆。

下图：海明威戴着法式贝雷帽。摄于勒穆瓦纳红衣主教路。

1　语出莎士比亚十四行诗第十八首，此处采用朱生豪的译文。——编注

一次晚餐中，美国小说家舍伍德·安德森对想要成为作家的欧内斯特解释说，没有比巴黎更适合学习写作的地方了。另外他还强调，由于汇率的关系，一个美国人在巴黎能比在美洲生活得更好。安德森主动提出要为这个年轻人写介绍信，并以他散文中那种别具一格的生动语调，向欧内斯特描述了他在那个梦幻的巴黎所能遇见的各种奇人。他的联系人是国际商会的特派员，一个叫刘易斯·加朗迪埃尔的人，但欧内斯特尤其应该见识的，是处于现代主义中心的整个巴黎艺术界。同样不应该错过的还有一家名字滑稽的书店，由一位名叫西尔维亚·毕奇的人经营的“莎士比亚书店”（Shakespeare & Company）；安德森还向欧内斯特介绍了一些他确信将来会大有前途的作家：一个名叫詹姆斯·乔伊斯的古怪的爱尔兰作家，还有一个名叫埃兹拉·庞德的爱达荷州人，他移居欧洲多年，在欧洲诗坛的名望开始得到认可。不可不提的还有格特鲁德·斯泰因，她是一位传奇女性，与一位名不见经传的女性，爱丽丝·B.托克拉斯同居；尤其值得一提的是，她还是毕加索和众多同时代艺术家的密友。

11月末，一切准备就绪：欧内斯特成了《多伦多星报》驻巴黎的记者，夫妇俩订好船票，乘坐“莱奥波尔迪娜号”前往欧洲——“或许远离巴黎，我才能描绘巴黎，就像我在巴黎描写密歇根一样。”欧内斯特后来在《流动的盛宴》中写道。的确，他直到去了古巴才谈及法国的首都，但巴黎构成了他写作版图中最重要的一段。就像他之后对陪伴他度过生命中最后十年的同伴亚伦·霍奇纳所说的那样：“假如你有幸年轻时在巴黎生活过，那么，不管你在余生中去到哪里，巴黎都与你同在，因为巴黎是一席盛宴。”

1 - 埃兹拉·庞德。摄于1920年前后。

2 - 格特鲁德·斯泰因在其肖像前，这幅肖像画是由受她保护的毕加索绘制。

3 - 从左至右为约翰·多斯·珀索斯、尤里斯·伊文思、西德尼·富兰克林以及海明威，在马德里。

右页：欧内斯特与西尔维亚·毕奇在当时位于奥德翁街12号的莎士比亚书店前。海明威一生当中遭受过许多创伤，而照片中的伤则是由于他搞混了灯和抽水马桶的绳子，使一块天花板掉落，砸在他头上所致。摄于1928年，巴黎。

BOOKSHOP

AUX ECOLI
R. SIMON

左页：透过位于勒穆瓦纳红衣主教路74号的小厨房窗户看到的街景。摄于1923年前后。

1 - 欧内斯特在位于田园圣母院街113号居所的院子里。摄于1924年，巴黎。

2 - 欧内斯特是个懂行的赛马迷，细心研究赛马师、马匹及教练。在一生的各个时期，他对赛马都充满了激情。

刚到法国，欧内斯特就着手描绘自己的巴黎地图。这座城市就像个蜂巢，方方面面都是崭新又刺激的。海明威夫妇的第一处居所是位于雅各布街的同名饭店，刘易斯·加朗迪埃尔在这里接待了他们。带着初见的兴奋，欧内斯特心血来潮地与刘易斯打了一场拳击赛，还打碎了后者的眼镜。他的个性由此显现：他活跃得有些过头，招人喜欢，让人没法生他的气。后来，他又在威尼斯打碎了格瑞提皇宫的一扇窗户，开枪打穿了巴黎丽兹酒店的墙壁，但这些行为没有给他带来哪怕一句斥责。有些事情任何人做了都无法被原谅，可换做是欧内斯特，我们却几乎要感恩戴德，甚至因为他的这种出格，相关的人和地点似乎都沾了光。1月初，海明威夫妇搬到了勒穆瓦纳红衣主教路74号；他们在那里一直居住到1924年，那一年他们搬到了田园圣母院街113号。欧内斯特开始出入奥德翁街上的莎士比亚书店；因为两人都酷爱读书，哈德莱办了一张会员卡，好在那里借书。欧内斯特也开始探索巴黎的咖啡馆，在很长一段时间里，咖啡馆成了他写作的场所。

在那里，他不仅发现了许多新奇的饮料与食物，还写出了一些早期的成名作。牛奶咖啡、奶油甜面包、油煎土豆、烟熏香肠沙拉、油炸小鲄鱼、葡萄牙牡蛎、烤小母鸡、芦笋、苹果派，他将所有这些品尝过的菜都写进了《流动的盛宴》。他从不忘提及菜的用料、酒的名称和饮料的商标。如是，一次在瑞士旅行时，他将罗讷河和南部的美味分别描绘成一条“蓝色的鳟鱼”和一瓶裹在《洛桑报》里的艾格勒酒。这些细节并非单纯为了营造地方色彩，而是缘于欧内斯特作品中出现的一种新风格。于欧内斯特而言，相较于那些含有超验意义的大词，街道名或者“圣詹姆斯朗姆酒”这样的酒名更有意义。简单平实的词汇令他的文字具有一种奇妙的特质，欧内斯特亦将之归结于他遇到了塞尚和莫奈的现代艺术，他见过他们二人的画作，两次是在闲逛时看到的，还有一次是在卢森堡公园，他感到：“这些画用一支笔和一块油画布，就成功地表现出了他一上午绞尽脑汁写出的东西。”在新的文化氛围中，欧内斯特掌握了一种后来成为其标志的叙事技巧。形容词与副词逐渐消失；句子更加简短有力、富有节奏。欧内斯特舍弃富于变化的典雅风格，选用近乎无休止的重复；舍弃源于拉丁语的词，选用盎格鲁—撒克逊的单音节词，从而使他的句子有如此特别的断奏。如果说光线（而非形状）是构成莫奈画作的元素，那么构成欧内斯特作品的元素则是地名、商标和细节，在他创造的美学中，这些元素就像是失而复得的宝贝。和塞尚一样，他试图“打碎高脚盘”，破除透视法，从而将物体平面化；亦如立体派画家很快关注到原始图案那样，他试图找寻语言最基本的构成元素。

1 - 1920年代的青年欧内斯特，艺术家根据照片绘制的肖像画。

哈德莱时常被独自留在他们那间供暖不足的居所里。欧内斯特描写密歇根时曾写道："我每写完一个故事，都感觉自己像是被掏空了，但同时又感到既悲伤又快乐，就像做爱之后一样。"对于他来说，写作是一种占有行为，他将之与男性所理解的性爱联系在一起——以至于后来他的第三任妻子玛莎曾说，比起他生活中的女人，他对自己的书更感兴趣。写作将他带往别处，而每次写作的结束都如同一次小小的死亡。

欧内斯特来巴黎是为了写作。他的确从芝加哥带来了一部战争小说的片段，也构思了几个短篇小说，但巴黎改变了这一切。他阅读了俄国文学（屠格涅夫、托尔斯泰和陀思妥耶夫斯基）、法国文学（司汤达、福楼拜、莫泊桑），以及来自英美国家的现代派作家，如詹姆斯·乔伊斯、托马斯·斯特尔那斯·艾略特和格特鲁德·斯泰因。"在巴黎，写作是个新游戏，大家都要遵守左岸的游戏规则。"夫妇俩的生活与写作之间有太多相似之处；这些相似之处构成了他们巴黎生活的故事情节。因此，当欧内斯特写下"饥饿是很好的锻炼"时，他既表现了夫妇二人食不果腹，又指明了正是这种饥饿促使这个年轻艺术家去创作，《流动的盛宴》（1964年初版时[3]）以这样一句怀念的话结尾："这就是我们年轻时的巴黎，那时我们很穷却很快乐。"然而，这种遭受工作重压、营养不良的艺术家形象也是经过了文学加工的。虽然海明威夫妇在巴黎的生活称不上大排场，但也没有这么糟糕，这尤其多亏了美元的汇率，1美元可以换将近12法郎。在欧内斯特为《多伦多星报》所写的前几篇快讯中，有一篇就是以此为主题的：1瓶酒60生丁，一顿早餐2.5法郎，到哪儿都一样，令这位特派记者惊叹不已。与众多在巴黎的美国人（爱德华·艾斯特林·肯明斯、多斯·珀索斯、威廉·福克纳以及其他许多人）不同，欧内斯特并没有一下子就被左岸的慵懒氛围所吸引。尽管杰克在《太阳照常升起》中说过，"（记者这一行）最根本的职业操守之一就在于永远要表现得像无所事事一样"，欧内斯特还是培养了自身勤恳的一面。在他发表于《多伦多星报》上的一篇名为《巴黎的美国波西米亚人[1]》的文章中，他对这些"游手好闲的人"毫不留情，说他们是"纽约格林尼治村的渣滓，被大把抛撒在巴黎的大街上"。

1　波西米亚人，这里指放荡不羁的文人。

写作的报酬让欧内斯特烦恼。哈德莱每年可以领3000美元左右的年息；而他的年收入加起来只有这笔年息的一半。欧内斯特大可一整年都投入个人写作而不为《多伦多星报》写一行字，也不会因此挨饿。不过他是个将写作与男性权威相关联的人，成长于一个无论在经济上还是心理上都由母亲格莱斯主宰的家庭。尽管他对此从未明言，但他在不同场合都曾指责是母亲将父亲推上了自杀之路；当他向母亲要求拿回属于自己的那份遗产时，母亲却回答说，她已经将那些钱花在了他的教育和旅行上了。令欧内斯特惊讶的是，她“什么都没说，却领着他去看了房子旁边新盖的用作音乐沙龙的豪华侧室”。所以说，欧内斯特所恪守的饥饿感和作家操守是有其来源的，它远不限于这对夫妇经济上的需求，而在于他害怕物质上的富裕会对他，或者至少是对他的才能造成致命影响。

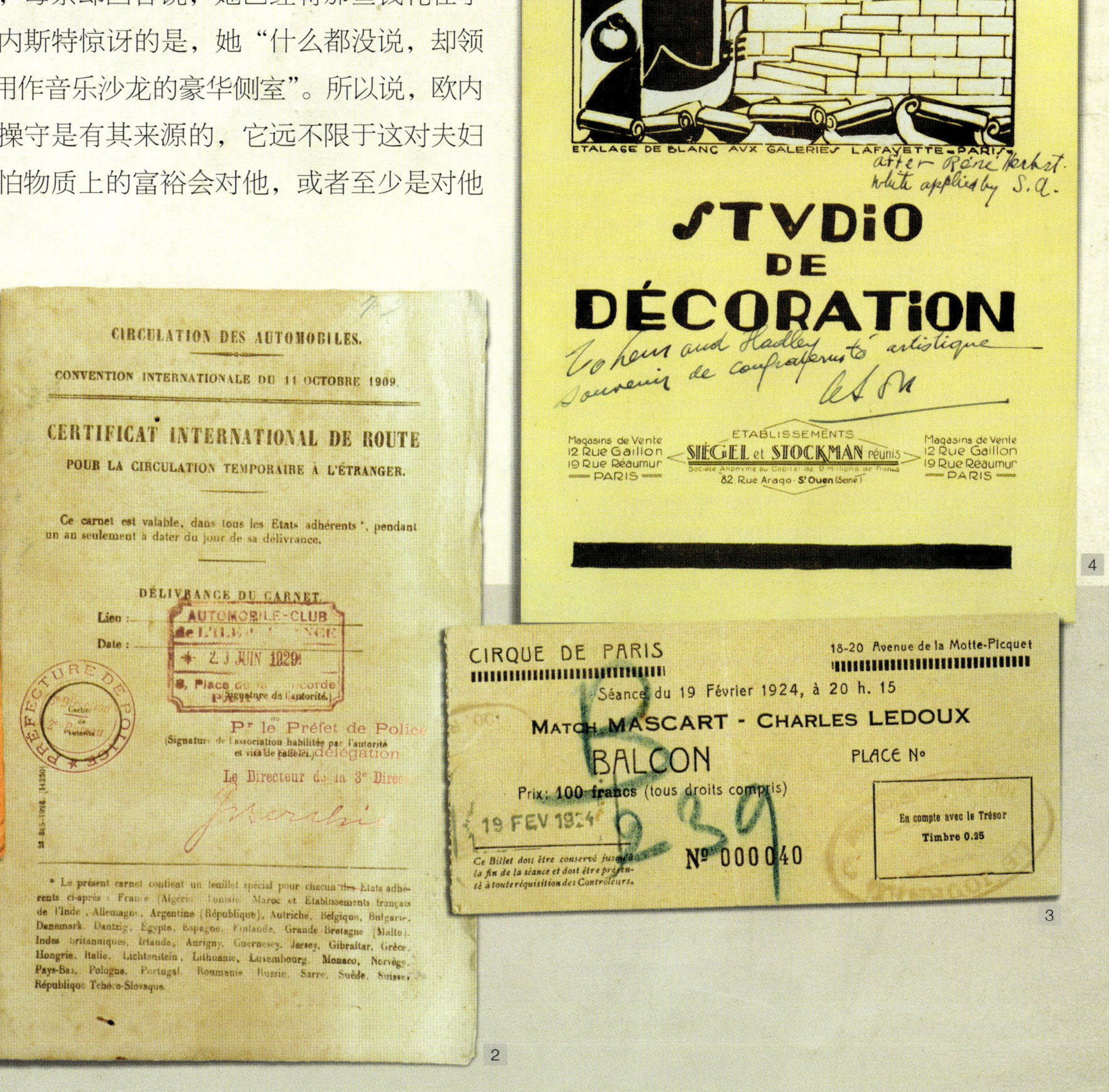


欧内斯特巴黎生活的纪念：旅游手册《四天玩转巴黎》（1），汽车驾驶证（2），马斯卡尔对战勒杜的拳击赛门票（3），以及一本装饰手工艺者题献给“海与哈德莱”的小册子（4）。

Chapter ~~16~~ 17

**NOTE** Foreword To Scott. (In Italics)

His talent was as natural as the pattern that was made by the dust on a butterfly's wings. At ~~this~~ one time he understood it no more than the butterfly did and he did not know when it was brushed or marred. ~~He even needed someone as a conscience and~~ sometimes ~~he needed professionals or normally educated people to make his writing legible and not illiterate.~~ Later he became conscious of his damaged wings and of their construction and he learned to think ~~and~~ ~~But~~ for a while he ~~could not fly any more because the love of flight was gone and he could only think of when it had been effortless.~~ ~~In the meantime, thinking well and fully conscious of its worth, he had written The great Gatsby. Tender Is The Night is a better book written in heroic and desperate confession. It was the failure of these~~

He was flying again and ~~I was~~ I was lucky to meet him just after a good time in his writing if not a good one in his life.

弗朗西斯·斯科特·菲茨杰拉德。“他的才能像一只粉蝶翅膀上的粉末构成的图案那样自然。有一个时期，他对此并不比粉蝶所知更多，他也不知道这图案是什么时候被擦掉或损坏的。后来他才意识到翅膀受了损伤，并了解它们的构造，于是学会了思索……”海明威在《流动的盛宴》中如此描绘这位朋友。此处是欧内斯特修改过的手稿。

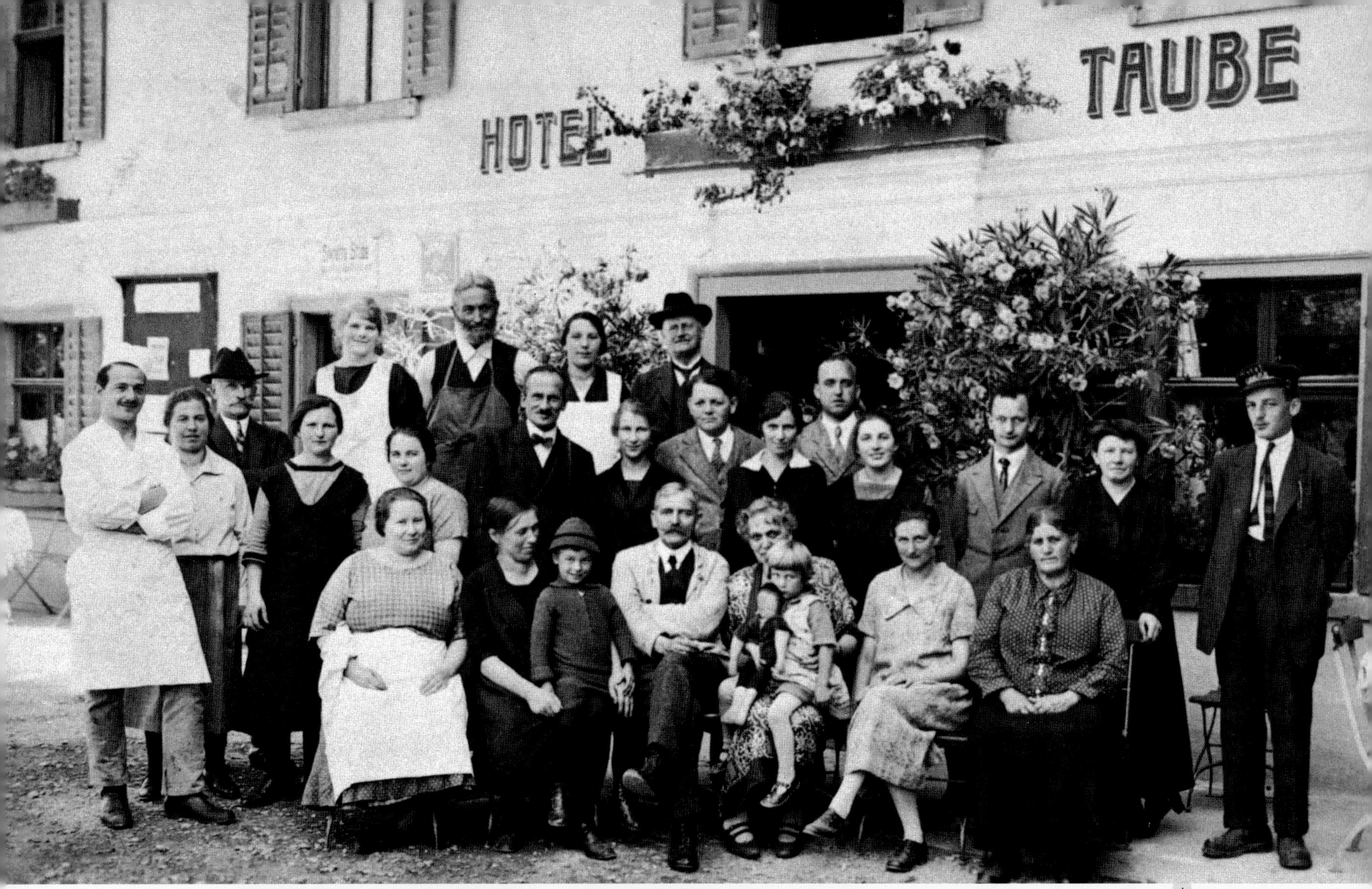


1

2

3

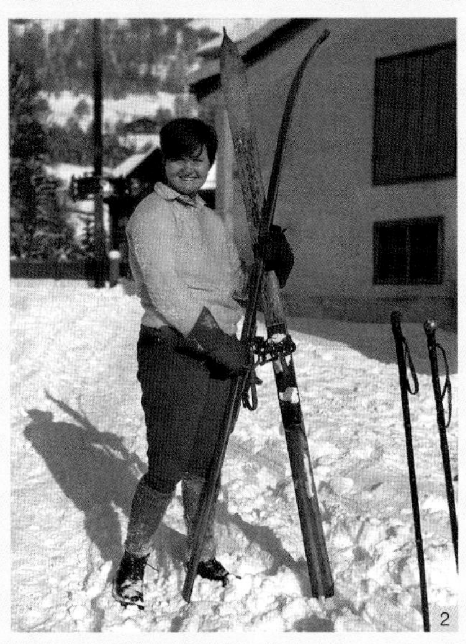

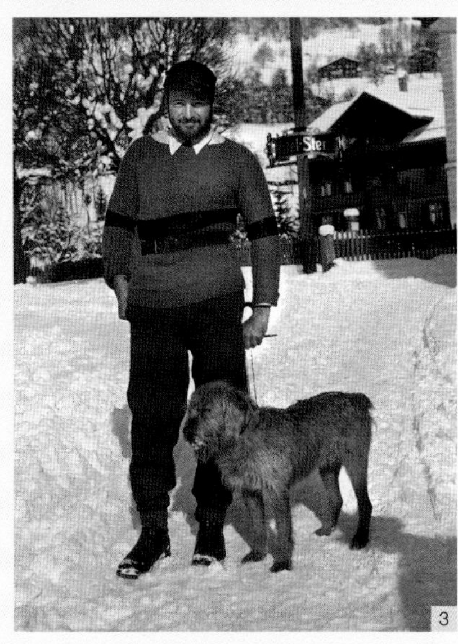

1 - 陶布旅馆的员工，欧内斯特与哈德莱经常下榻于这个位于施伦斯的旅馆。摄于1925年，奥地利。

2 - 哈德莱在施伦斯。摄于1925年。

3 - 留着络腮胡的欧内斯特；阳光和寒冷刺激着他脆弱的皮肤，他开始留胡子，络腮胡日后成为他的显著标志。

虽然巴黎已经成为海明威夫妇的港湾，但他们没有一直待在那里。在搬到勒穆瓦纳红衣主教路的第二天，他们就开始了第一次旅行——前往瑞士蒙特勒市尚碧镇。这次旅途中的风景在他的生命中扮演了重要角色，而在其众多短篇小说以及长篇小说《永别了，武器》中，这些风景也占据着中心位置。夫妇俩很快又和欧内斯特的朋友们再次来到这里，和前一个世纪的浪漫旅行者一样，他们徒步朝意大利进发，越过了积雪尚存的大圣伯纳德山口。欧内斯特还去过几次奥地利和德国，尤其是特里贝格，他在那里钓过鳟鱼。他与哈德莱还游览了黑森林，在其中漫步良久，他从未掩饰过对德国人的厌恶之情，眼前的风景也令他失望，觉得不够原始，不够秀美；旅行的高潮是海明威夫妇的首次空中之旅，他们乘坐了一架摇摇晃晃的老式飞机，从勒布尔歇机场飞往斯特拉斯堡。之后，欧内斯特又兴致勃勃地重游了意大利。在科蒂纳丹佩佐，他再次见到了多洛米蒂山脉，1918年，他第一次见到了这座绵延起伏的山脉；在拉帕洛，他们拜访了初到巴黎那几个月结识的诗人埃兹拉·庞德。自1923年起，在他们常去拜访的格特鲁德·斯泰因的鼓动下，海明威夫妇终于开始了第一次西班牙之旅。日后，西班牙成了欧内斯特生命中的重要领地。

当时希土战争接近尾声，战争引发了大屠杀和人口大迁徙。欧内斯特前往君士坦丁堡短暂停留了三周，当他回来时，头上长满了虱子，以致不得不剃光头发，不过他还是带了许多礼物来哄哈德莱开心，因为她之前曾为他这次出行大动肝火。这次君士坦丁堡之行为他带来了400美元的收入；另外，埃兹拉·庞德还想邀请他加入一项宏伟的出版计划，名为《当代英语文学现状调查》。欧内斯特充满了斗志。他感到自己将要开始认真写作了。他计划写一本书，也写了一些片段和几个短篇小说。但所有这些都不得不暂且搁置，因为他在之前就已经决定要前往瑞士洛桑报道国际和平会议。这次会议的目的是结束希腊和土耳其两国的敌对关系，并确定两国之间的新疆界。将所有正在进行的计划安排妥当之后，欧内斯特于1922年11月21日抵达瑞士。在洛桑，他对谈判做了报道，并嘲笑了贝尼托·墨索里尼装腔作势的姿态，形容他拿着一本书故作镇定：只要走近观察，就会发现那是“一本（拿）反了的法英字典”。

会议结束后，欧内斯特让哈德莱（每当她“想旅游”时，欧内斯特都会邀她去相会）到瑞士住几天，一起去勒芒湖边的山坡上滑雪。为了让丈夫高兴，哈德莱把他所有的手稿包括复写纸全都装进行李箱带去了里昂火车站。接下来的情节扑朔迷离，与所有的创伤性事件如出一辙：在洛桑下车时，哈德莱惊慌失措，她泣不成声，不知该如何告诉欧内斯特她的箱子被偷了，他的全部手稿都丢了！欧内斯特不信，他立马跳上了第一班回巴黎的火车，叫来朋友与相识把公寓翻了个底朝天，但最终不得不面对现实：他第一阶段的所有作品再也找不回来了。此后，他一直拒绝谈论自己是如何度过那个灾难之夜的；第二天，他去拜访了格特鲁德·斯泰因和爱丽丝·B.托克拉斯，她们以一顿丰盛的午餐对他表示安慰。埃兹拉·庞德试图让他相信这次损失是件好事，但却徒劳无功，欧内斯特无法抑制地提起这件事给自己带来的伤害，也无法不把这件事看作一次背叛，尽管归根结底这只是一次命运的捉弄。

很长时间内，他一直邀朋友和他一起沉醉于冬季的体育运动。在利斯河畔的山坡上，在贾蒙山口，他从早到晚地滑雪、滑雪橇，希望能借此忘掉那件事。在优美的短篇小说《越野滑雪》中，欧内斯特曾提及这段时期，提到他必须学着找到的新的平衡。这个有关滑雪的短篇小说探讨了责任与自由之间的权衡之道。在1923年1月哈德莱怀孕之后，欧内斯特更加深刻地感受到了这一权衡之道的必要性。

1 - 颂露的滑雪橇坡道，位于瑞士蒙特勒的高山上。所有人都盯着拐弯处；除了在最后一排的欧内斯特，他在对着镜头微笑。

2 - 欧内斯特、哈德莱与邦比。摄于1926年春，施伦斯。

3 - 约翰·哈德莱·尼卡诺·海明威的受洗礼证明。他的第三个名字来自一位著名的斗牛士尼卡诺·威莱达，这见证了欧内斯特对斗牛术的激情。约翰，小名邦比或杰克，是玛歌与玛瑞儿·海明威的父亲。

4 - 邦比站在父亲的雪橇上。摄于1924年。

5 - 密迪齿峰掩映下的颂露坡道。这一景致出现在《越野滑雪》以及《永别了，武器》的最后一部分。

Name John Hadley Nicanor [Hemingway]
Memorial of Baptism.
IN HOC
SIGNO VINCES.
Date March 16, 1924
Place St. Luke's-in-the-Garden Paris
IN your Baptism you were signed with the sign of the Cross in token that hereafter you should not be ashamed to confess the faith of Christ Crucified, and manfully fight under His banner against sin, the world, and the devil, and to continue Christ's faithful soldier and servant unto your life's end.
Signed William A. Stimpson
Mowbrays 26
3
4
5

自1922年起，格特鲁德·斯泰因开始为欧内斯特“上课”，据后者回忆，这些课程主要关于写作和性。斯泰因与一位女士一起生活，在二十世纪二三十年代，无论是在女同性恋圈子中还是在大众文化里，她都成了女同的代表人物。在巴黎，欧内斯特发现了一个与他所离开的清教徒式的美国完全不同的世界。多变的性观念，对待善恶是非的基本态度，大批殖民地居民以及众多逃离“吉姆·克劳”种族隔离法而来到这里的非裔美国人所带来的种族大融合，更不用说这里的烈酒成河了——从1922年起，美国颁布禁酒令，进入了酒禁期：这一切足够让年轻的欧内斯特感到困惑，他“明白了一切他所不能（理解）的事情大概都与性有关”。他从格特鲁德那里学到的另一个重要课题则与写作有关，其中有一句重要的话，他后来将其运用到自己的写作中，并终生反复思考：“写出你心目中最真实的句子。”写作中的真实与真理此后一直伴随着欧内斯特简练的文风，这种风格是他在西班牙受斗牛这项运动的启发而形成的。真实与真理是灵感的源泉，但同样也是怀疑的来源，如同《乞力马扎罗的雪》中奄奄一息的哈里，或是《岛在湾流中》里处境相同的托马斯·赫德森一样，欧内斯特觉得糟蹋了自身的天赋，背叛了真实与真理。

1923年6月至7月，欧内斯特第一次来到西班牙，8月，他在巴黎出版了自己的第一本书《三篇故事和十首诗》。如书名所指，这本书收录了三篇在那次手稿丢失事件中奇迹般存留下来的故事，其中有一篇名为《在密执安北部》，其中的性描写太过露骨，格特鲁德·斯泰因觉得它“上不得台面”。10月，哈德莱生下儿子约翰·哈德莱·尼卡诺·海明威，大家更熟悉他的小名“邦比”或“杰克”，格特鲁德与爱丽丝成为其教母。尽管欧内斯特与格特鲁德关系亲近，但他们两人的个性都很强势，因而很难长期共处。欧内斯特虽然承认跟她学习了很多，但却挖苦她不认真写作。至于格特鲁德，她觉得欧内斯特毫无谦虚的品格与自制力，太过注重“事业，事业”。格特鲁德曾提起一次交谈，并引用了交谈中听到的“垮掉的一代”这个表达，海明威当即表示，这是“一种利己主义与精神懒惰，违背了规矩”。海明威后来还曾戏仿斯泰因的那句名言“一朵玫瑰是一朵玫瑰是一朵玫瑰”，以此嘲讽垮掉的一代的文风：“是啊，格特鲁德……一个宣言是一个宣言是一个宣言。”欧内斯特向来只伤害自己曾经爱过的人；因而，他伤害了斯泰因以及舍伍德·安德森；对于后者，他在1926年出版了讽刺小说《春潮》来嘲笑其风格，给了安德森致命一击。

欧内斯特找到了生活的节奏，也找到了句子的节奏。确切地说，这种别具一格的句式自1923年12月起，出现在他的首个重要短篇小说集《在我们的时代里》里。该小说集于1925年在纽约出版，其中的短篇小说至今仍吸引着海明威的读者。尤其值得一提的是，小说集中首次出现了尼克·亚当斯这个人物，他贯穿欧内斯特的所有作品，是作者本人的化身。故事之间用短小简洁的装饰图案隔开，如同一张张快照，将一闪而过的场景捕捉下来，并逐渐形成了欧内斯特的极简主义风格。他与《小评论》杂志也有合作，这本杂志之后连载过詹姆斯·乔伊斯的《尤利西斯》以及众多现代派艺术家的作品。声誉日隆的他还受邀成为福特·麦道克斯·福特主编的杂志《大西洋两岸评论》的编辑。

1，2，4 - 邦比的教母，格特鲁德·斯泰因与爱丽丝·B. 托克拉斯在卢森堡公园悉心照料邦比。摄于1924年。哈德莱也在其中（图4）。

3 - “邦比”约翰的个人像。摄于1926年，施伦斯。

通过奥地利施伦斯的滑雪之旅，以及在西班牙参加的圣弗明节，欧内斯特结识了斯科特·菲茨杰拉德和他的妻子泽尔达，他们在成为朋友的同时却也产生了敌对关系。那时欧内斯特认为写作完全是男人的事，这使得他一方面指责泽尔达像个疯子，另一方面又非常欣赏（也十分妒忌）斯科特的成名作《了不起的盖茨比》。1925年，欧内斯特也开始构思他的长篇成名作《太阳照常升起》，小说的开头类似短篇小说。

欧内斯特对艺术的兴趣日渐浓厚，在格特鲁德·斯泰因的安排下，他以分期付款的方式买下了胡安·米罗的画作《农场》，并送给了哈德莱。

1925年12月，和前一年一样，欧内斯特与哈德莱前往奥地利福拉尔贝格州滑雪。但与往年不同的是，保琳·帕发弗，这个他们于当年春天认识的女孩也加入了这次旅行。

1926年3月，在前往纽约与第一任出版商解约，并同斯克利布纳出版社（此后他再没换过出版商）签约后，欧内斯特回到了保琳当时所在的巴黎。当他本该乘坐第一班火车前往奥地利与哈德莱相聚时，他写道："我爱上的姑娘当时在巴黎，我既没有乘第一班火车，也没有乘第二班、第三班。"与哈德莱的婚姻于1927年3月结束；欧内斯特总结道："没有罪恶不是在无辜之中孕育的。"

左页：摄于1927年2月，瑞士格施塔德。欧内斯特将这张照片寄给了他的编辑，在照片背后写道："如果您听到有谣言说，您的一位作家因酗酒去世，这张照片应该会让您放心。"

1，2 - 保琳。摄于1927年，格施塔德。

3 - 保琳·帕发弗的法国身份证件。

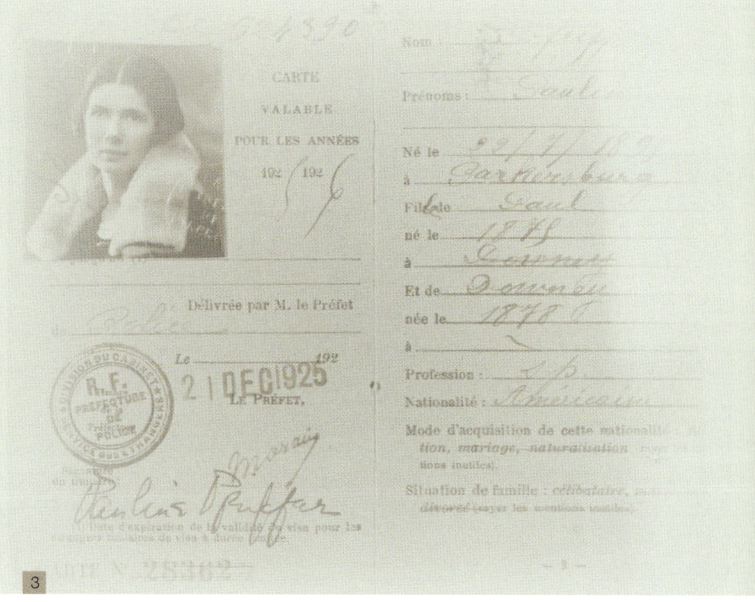

CARTE
VALABLE
POUR LES ANNÉES
192 / 192

Délivrée par M. le Préfet

Le 21 DEC 1925
LE PRÉFET,

Nom :
Prénoms :
Né le
à
Fils de
né le
à
Et de
née le
à
Profession :
Nationalité :
Mode d'acquisition de cette nationalité : ... tion, mariage, naturalisation ... tions inutiles).
Situation de famille : célibataire, ... divorcé (rayer les mentions inutiles).

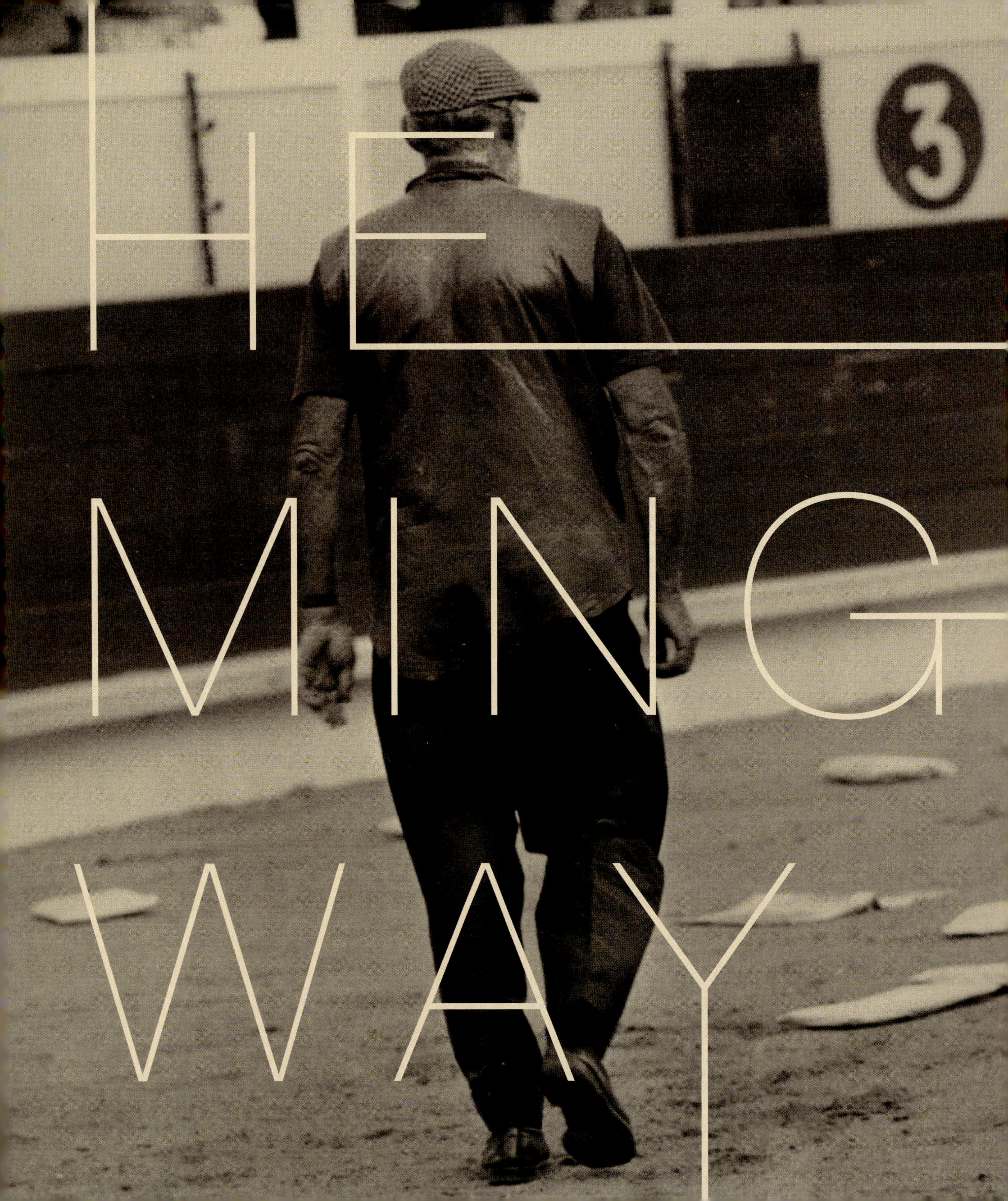
3
HE
MING
WAY

1923

# 世界之都

## 写作与死亡

在1923年6月至7月第一次西班牙旅行之前，欧内斯特就曾两次接触过，或者至少了解过这个半岛。一次是在1919年，他刚从奥意战争前线回来，当时“朱塞佩·威尔第号”列车经停阿尔赫西拉斯[1]；另一次则在两年之前，那时他与哈德莱一同乘船穿越大西洋前往法国，中途曾在维戈[2]停靠——“西班牙维戈。男性的梦想之地。[……]我们还会回来的。”他在给朋友比尔·史密斯的信中写道。虽然只是短暂停留，但两次经历给坚信自己的运气与直觉的欧内斯特留下了长久的印象，在他的脑海中，这是一个极具异域风情，让人充满想象的国度。事实上，西班牙日后成了他的发现之地。

刚到西班牙的日子和在巴黎的并无二致，他交往的圈子有新手作家群体（他自己也是其中之一），有多少带着善意的文艺资助者，还有像格特鲁德·斯泰因和埃兹拉·庞德那样的导师型人物。就像他后来在《午后之死》中所说的那样：“我尝试作家这个职业是从最简单的事开始的，而在所有的基本功中，最简单的一项便是横死。”在最初几度旅居西班牙之后，他在佛罗里达州的基韦斯特写了这本书，它就像一本为那些渴望了解斗牛的美国人所写的随行指南。欧内斯特在小说开头就承认，他并不怀疑，从现代的道德观点或从基督教观点来看，斗牛“完全无可辩解”。因此，这位被西班牙人民称作“唐·欧内斯托”的人并没有试图为斗牛辩护，而是希望写一部“严肃的书，探讨一个如此不道德的主题”。《午后之死》不但是一部描写斗牛的书，同时也是，甚至更是欧内斯特的诗学，是他关于小说艺术的核心之作。他在西班牙学到的有关写作的“最简单、最基本的”东西，在某种程度上成了他文学学习生涯的结业证书。

在格特鲁德·斯泰因的建议下，欧内斯特与友人比尔·伯德以及鲍勃·麦卡蒙一起前往马德里。麦卡蒙家底殷实，由他承担了旅行的所有费用，但这并不妨碍欧内斯特对他表示厌恶，并指责麦卡蒙具有“浪漫派的多愁善感”，后者在斗牛场看到马（当时没有马铠）被顶破肚子的场景时，吓得移开了眼睛。因为欧内斯特坚持认为：应该直面死亡，不该扭转目光。他描绘了一幅骇人的残暴画面，补充说，写作应当呈现死亡，而非移开眼睛，“无论在生理还是心理上[……]就好比我们在看见一个够不着也救不了的、即将被火车轧死的孩子时所能做的一样”。这幅孩童惨死的画面使人想起战争的残酷，想起《在士麦那码头上》等短篇中的残忍场景；和战争一样，斗牛也是一个直面世界的场所。

1 阿尔赫西拉斯（Algésiras），西班牙南部港口城市。
2 维戈（Vigo），西班牙西北部港口城市。

左页：持剑斗牛士契库埃罗。欧内斯特为《午后之死》挑选了这张照片。根据他的美学标准，契库埃罗是现代擅长连续劈刺的大师。此外，欧内斯特也严肃地指正了他的缺点，因为“契库埃罗不喜欢杀戮”；而置他者于死地的那一瞬间却正是欧内斯特试图抓住的“真理的时刻”。

1 - 牛群出栏在街上奔跑之后到达潘普洛纳斗牛场。

2 - 斗牛爱好者在测试他们的能力与勇气。右侧，用一件上衣斗牛的男子是欧内斯特。摄于1925年圣弗明节。

3 - 一些欧内斯特喜爱的斗牛士：从左至右为拉菲尔·戈梅斯·伊·奥特加，外号“公鸡”；他的弟弟何塞，被称为何塞利托；还有投枪斗牛士——安立奎·贝伦戈尔，常被叫作布兰克，以及最右边的斗牛士帕科·马德里，或称作马拉加。

欧内斯特对西班牙的美景和游览并不感兴趣；“啊见鬼，又是弗朗明哥（原文如此）！”在同行三人游览安达卢西亚时，他曾多次这样感叹。其间，他们在马德里头一次观看了novillada[4]，又在塞维利亚第一次看了大型斗牛赛。欧内斯特早已对生存抱悲观态度，或许正因为如此，他很早就坚信，斗牛并非一项运动，而是一场悲剧。就像同时代的安达卢西亚诗人费德里科·加西亚·洛尔迦[1]所写：“西班牙是唯一一个让死亡成为全国性表演的国家。”欧内斯特来自一个将棒球作为“全国性消遣”的国家，他非常理解自己正在经历的事情的重要性。借由洛尔迦笔下的精灵[2]棱镜，他对本国文化做出了严肃的评价。“我们美国人，”他写道，“吸引我们的不是死亡，不会因为它近在咫尺就必须躲避。我们被胜利所吸引，我们努力躲避的是失败，而不是死亡。”严肃地对待死亡，这是美国文化所无法做到的：这就是关键所在，他必须将这次发现落笔成文。

1923年至1933年间，欧内斯特每年都会到西班牙短居，唯有1928年和1932年（《午后之死》于当年出版）除外。在最初旅居西班牙的这段时间里，装饰性的图案开始出现在小说集《在我们的时代里》中，同时他也写出了一些精彩的短篇小说，如《世界之都》和《一个干净明亮的地方》，此外他还完成了自己的成名作《太阳照常升起》。他在西班牙度过的第二段时期是在西班牙内战期间，欧内斯特与他的第三任妻子玛莎作为记者报道了此次战争。特别值得一提的是，他后来还将这次战争写入了《丧钟为谁而鸣》和《第五纵队》。在欧内斯特生命的最后七年里，他再一次回到西班牙，观看了多场斗牛比赛，并写出了《危险的夏天》，书中记述了斗牛士路易·米格尔·多明昆与安东尼奥·奥多涅兹那场致命的一对一斗牛赛[3]。

---

1　费德里科·加西亚·洛尔迦（Federico Garcia Lorca,1898—1936），二十世纪著名西班牙诗人，“二七一代”的代表人物。

2　原文为西班牙语，duende，意为“精灵”。

3　原文为西班牙语，mano a mano，指一种斗牛方式，两个竞争的斗牛士轮流单独斗多头牛。

第一次西班牙之旅刚结束，欧内斯特就迫不及待地想要回去。他以自己的热忱说服了哈德莱，她之所以同意，是因为觉得斗牛表演或许对腹中的胎儿有好处。于是，1924年，欧内斯特偕妻子及友人，第一次下榻潘普洛纳的昆塔纳旅馆，这家旅馆日后成了他们主要的落脚之地。欧内斯特体验到了圣弗明的奔牛节：节日里的天主教游行队伍——这让生来就是新教徒的他惊叹不已；里奥—里奥舞[1]喧闹而富有异教气息；开怀畅饮，尽情狂欢；还有每天早晨斗牛赛之前举行的奔牛活动，这是一场两公里的疯狂赛跑，公牛在身后狂奔，大难不死的年轻人则试图尽可能地接近并躲开公牛锋利的牛角。欧内斯特自己后来也参加了这场疯狂的赛跑，还受了点轻伤，《芝加哥论坛报》发表了一篇文章报道此事，题为《两名美国人斗牛时被一头公牛重伤》。因着欧内斯特的关系，圣弗明在游客中名气大增，自此，每年来此的游客不计其数，他们都想在有生之年体验一把“牛角的阴影”（米歇尔·雷里斯[2]语）。

二十世纪二三十年代，身在西班牙的欧内斯特并不孤单。除了他带在身边的朋友外，所有现代主义运动的代表人物都挤在“巴雷拉斯”[3]上，也就是斗牛场的第一排观众席上。自1910年起，巴勃罗·毕加索，这位出生于安达卢西亚的狂热斗牛爱好者，激发了乔治·布拉克[4]与马克思·雅各布[5]对斗牛的热情。格特鲁德·斯泰因是毕加索的密友，也是毕加索艺术的最早爱好者之一，在毕加索的影响下，她也走近了斗牛的世界。后来，喜欢上斗牛的有诗人，如让·科克托、保罗·艾吕雅和勒内·夏尔；有画家，如弗朗西斯·皮卡比阿、安德烈·马松、弗朗西斯·培根；有小说家，如海明威和多斯·珀索斯，当然还有亨利·德·蒙泰朗、乔治·巴塔耶；还有一些思想家，比如米歇尔·雷里斯：斗牛引来的是整个知识分子界，当时，所有知识分子都试图在战争的泥潭中和消沉的疫气中寻找伦理与美学价值。

1 里奥—里奥舞（riau-riau），圣弗明当地的传统舞蹈。
2 米歇尔·雷里斯（Michel Leiris），法国人类学家、艺术批评家和作家。
3 原文为西班牙语，barreras，指斗牛场观众席的第一排。
4 乔治·布拉克（Georges Braque），法国画家，与毕加索早期作品同属印象派和野兽派。
5 马克思·雅各布（Max Jacob），法国20世纪超现实主义诗人、小说家。

欧内斯特与哈德莱（当时还是不知名的观众）坐在第一排。摄于1925年，潘普洛纳。

1924年，在比尔·伯德和鲍勃·麦卡蒙的陪同下，欧内斯特来到比利牛斯山徒步旅行，从布尔格特到安道尔，十四天内差不多走了三百公里。如他一贯所为，他稍微夸大了自己远足时的体力，不过这次远足后来成了《太阳照常升起》的素材，小说中，三个同伴也进行了类似的徒步旅行。在靠近圣雅各之路[1]的行进途中，他们的西班牙之旅毫无游览观光之意，而是如小说中所写，是一次朝圣之旅、启蒙之旅。次年，在潘普洛纳，这部小说的中心人物杜芙·吐斯顿夫人走进了海明威的生活。她结识了海明威一家。彼时，她正和她那来自英国的准男爵丈夫（因为丈夫的缘故，她才成了一位贵族夫人）闹离婚。她美艳绝伦，一头男士短发，机智俏皮；后来，她成了小说里的勃莱特·阿施利，杰克看到她时曾这样说道："她的身材曲线优美，如同赛艇的外壳，羊毛套衫使她的身形一览无遗。"我们不能确定欧内斯特与她是否有过恋情，不过她倒是与欧内斯特的朋友哈罗德·罗勃交往过。欧内斯特对罗勃勃然大怒、心怀嫉妒，罗勃来自纽约的一个犹太大家族，他成了小说中的柯恩，并遭到了反犹主义的叙述者杰克·巴恩斯的嘲笑。

在马德里，欧内斯特又看了几场斗牛，他不仅提升了自己作为斗牛爱好者的眼光，而且越发将斗牛士的艺术与写作艺术紧密地联系在一起。"没人能见识生活的全貌，除了斗牛士（matador[5]）。"杰克在《太阳照常升起》中如此说道。小说中，斗牛士佩德罗·罗梅罗这个角色证明了杰克的话，1925年夏天，欧内斯特带着激情创作了这部小说；9月15日，第一稿完成。但欧内斯特明白，斗牛并不仅仅是穿着粉色长袜，在斗牛舞的音乐中把牛杀死。在仔细观察马德里之后，他曾写道，只有在斗牛场上才能找到西班牙的精髓，因为"对游客来说，城中哪儿都没有当地特色"。于他个人而言，普拉多美术馆兴许还值得一看，但他补充说，"要是既能参观普拉多美术馆，又适逢斗牛季，往北两小时可到埃斯科里亚尔，南边又有托莱多的话，[……]且不谈永生，一想到自己终有一死，再也看不到斗牛，心里就痛苦极了"。在这句话中，斗牛成了艺术的隐喻，成了人类生存状况的表达。在野蛮的斗牛中，欧内斯特试图找寻受伤的、受死亡折磨的人性，而这正是他在写作中所想表达的，就像斗牛士一样；欧内斯特不吝引用乔治·巴塔耶的话，"因为我们是人，我们生活在死亡幽暗的影子里，而且了解日益加剧的暴力，了解绝望的情欲暴力"。

1 - 在潘普洛纳附近远足。摄于1925年。

2 - 令人叹为观止的悬崖小镇龙达位于安达卢西亚，它是罗梅罗斗牛士家族的摇篮，欧内斯特后来经常来这里。

---

1　圣雅各之路，前往基督教圣地、西班牙城市圣地亚哥—德孔波斯特拉的朝圣之路。

3 - 一些人物正在找寻作者；欧内斯特将他们写进了《太阳照常升起》当中：从左至右为杰克·巴恩斯（在前景的欧内斯特）、勃莱特·阿施利（坐在欧内斯特旁边的杜芙·吐斯顿夫人）、罗伯特·柯恩（坐在里面的哈罗德·罗勃）。其中还有哈德莱（正对面）、唐·斯图尔特以及帕特·格斯利（海明威夫妇的友人）。摄于1925年，潘普洛纳。

4 - 在龙达的斗牛场。

5 - 在潘普洛纳附近野餐。摄于1925年。

6 - 斗牛开始之前的龙达。

7 - 欧内斯特与一头长着巨角的动物，但这是一头水牛而并非比赛的公牛。摄于1927年夏，圣塞巴斯蒂安。

欧内斯特开始熟悉斗牛的世界，他的西班牙语也大有提高。他大量地阅读杂志，经常出入斗牛圈[1]，与斗牛士、牛主人以及斗牛爱好者交谈。尽管专家们对他的斗牛学问褒贬不一，但大多数人一致认为，对一个美国人而言，欧内斯特的批评眼光是可靠的。但欧内斯特首先是一位作家，其评论与写作艺术的关联往往不亚于与斗牛的关联。正如他为了在写作中接近真理而探寻“尽可能简单的句子”一样，他试图在写作中模仿斗牛士，“完成一件艺术作品，[……] 与死亡游戏，让死亡离自己近一点，近一点，再近一点，他们知道这死亡就在牛角里”。欧内斯特并不关心斗篷和红布对公牛的引逗，而是对杀死牛的过程尤其感兴趣，“最后一剑刺杀，人与动物真正的交锋，这就是西班牙人口中的真理时刻”[6]。这一刻不足一秒；尽管转瞬即逝，尽管几乎不可见，但这一刻对于斗牛士、戈雅和海明威来说，是使艺术永恒的关键。在真理时刻，在“剑完全插入牛身，人与牛合为一体的那一刹那”，真实显现了。真实的时刻即是死亡的时刻，也是之前的整支诱惑之舞所引向的高潮。这个主题在毕加索的画作《格尔尼卡》中得到表现，画中，一具具身躯为高潮与死亡所纠缠、掌控；而作为写作的关键，死亡成了海明威的作品中挥之不去的主题。

---

1　原文为西班牙语，mundillo，本意为“世界”。
2　西班牙语，常译为穆莱塔，意思是哔叽或绒制心形布，打褶并对折覆于细头铁杆之上。

左页：在一次难忘的集体抗议之后，人山人海的斗牛场，斗牛士并没有完成自己的工作。

1 - 欧内斯特与保琳在斗牛场。欧内斯特似乎是唯一一个在看斗牛的人——但也许是他让摄影师定位抓拍的。摄于1928年，潘普洛纳。

2 - 斗牛第一幕时的刺击：直到1928年，都还没有为马配备马铠。“每当公牛猛冲向骑马斗牛士时，我都告诉她不要看马，该看牛。”《太阳照常升起》中杰克对勃莱特说道。

3 - 穆莱塔[2]的作用：斗牛士用它来接近牛角。我们在背景中看到了一些死去的马。

4 - 斗牛最后一幕的投杀：斗牛“是一项与死亡相关的艺术，并且死亡充斥其中”，欧内斯特写道。

1

2

FERIAS Y FIESTAS DE SAN FERMIN

Programa de festejos que se celebrarán
del 6 al 18 de Julio

斗牛狂热爱好者海明威的纪念物：斗牛表演的日程以及票根（1，2），前往潘普洛纳的火车票（3），以及西班牙捕鱼许可证（4）。

那时，哈德莱正与菲茨杰拉德夫妇一道，在法国南部的朱安雷宾镇[1]休养，住在朋友家中，这些富裕的友人都视海明威夫妇为家人。其间，哈莱德结识了保琳·帕发弗与维吉妮·帕发弗。保琳在《时尚》杂志工作，她与哈德莱成了非常亲密的朋友；不过，她对欧内斯特却言语刻薄，说他装腔作势，又自以为是。帕发弗姐妹出身良好、家境富裕，又有些无所事事，于是，她们毫不犹豫地跟着海明威夫妇游览蔚蓝海岸，接着又前往奥地利施伦斯滑雪，最后到潘普洛纳参加1926年的圣弗明节。保琳与欧内斯特很快就擦出了火花，两人的恋爱就像一场斗牛，“起初有趣且烦心”，他在《流动的盛宴》中写道，“就这样维持了一阵子”。但斗牛教会了欧内斯特，“所有的故事，不论有多长，最终都会以死亡结束，任何一个真实故事的讲述者都不会向你隐瞒这一点”。这个故事结束了；他第一段婚姻的“死亡”伴随着新的相遇带来的情欲和生活承诺，也不乏一位受害者必然的残酷牺牲。

在那个危险的夏天过去一年后，也就是1927年夏天，刚完婚的欧内斯特与保琳在勒格罗迪鲁瓦市[2]的卡马尔格度完蜜月后，便回到了西班牙。从西班牙回来时，欧内斯特已经为新书做好了规划和笔记，他向斯克利布纳出版社的编辑麦克斯·帕金斯描述说，这本书“就像是一片有关斗牛的阿拉伯沙漠”；而刚满32岁的保琳从西班牙回来时已经怀孕。

1928年，保琳要求在美国待产，故而二人没有去潘普洛纳旅行。在古巴停留了一段时间后，海明威夫妇在美国最南端的基韦斯特安定了下来，当时那里还是个安静的小岛。6月28日，保琳在堪萨斯城生下了帕特里克；7月，欧内斯特前往怀俄明州捕鱼。他思念西班牙。这年冬天，他在写作《永别了，武器》。4月份一到，夫妇俩便从古巴乘船，先到法国，再去潘普洛纳。欧内斯特满怀激情，始终关注着当季的斗牛。在妻子的陪伴下，他开着那辆耀眼的福特敞篷车（这辆车是他崭露头角的标志）游历伊比利亚半岛。9月，他来到马德里，见证一位斗牛士的成长并与其结识，这位斗牛士来自……布鲁克林，名叫西德尼·富兰克林。两人成了朋友，在《午后之死》中，欧内斯特以他为原型塑造了一个人物，极尽溢美之词——许多专家认为，他的描写过于奉承。

1 法国南部地中海沿海小镇，著名的滨海度假区。
2 法国南部地中海沿岸城市。

1 - 欧内斯特与来自布鲁克林的斗牛士西德尼·富兰克林。摄于1937年，“巴黎号”船上。

2 - 欧内斯特与西德尼·富兰克林在曼萨纳雷斯—埃尔雷亚尔城堡前。摄于1929年，两人相遇的那一年。

接下来的几年，西班牙一直处于内战前夕的暴动氛围中。斗牛成了佛朗哥分子及其反对派试图夺取利用的政治筹码。但这并不妨碍欧内斯特给他的画家朋友华尔多·皮埃斯写信：“革命中的西班牙真是太棒了。[……]——不想离开这群傻瓜[1]回美国。”1932年，《午后之死》出版；1933年，欧内斯特再次在马德里短暂停留，但他已经看向了新的大陆。

的确，欧内斯特爱上了非洲；西班牙似乎已经耗尽了他的金钱，与斗牛一起退到了次要位置。当他在基韦斯特完成了感人的短篇小说《世界之都》时，西班牙卷入了内战的风暴。1937年及1938年，他作为战地记者，和他的第三任妻子玛莎再次回到西班牙。1950年代，他与最后一任妻子玛丽最后一次来到西班牙短居。

1950年代末，距离他上次来到西班牙已经过去了十五年，此时的欧内斯特已与从前大不相同，而西班牙同样也发生了改变。当时，西班牙处在佛朗哥的压迫统治下，是美国的同盟国之一，欧内斯特从此可以很轻松地来到这里；由于基础设施不健全，想要行走西班牙也并不总是一件特别容易的事情，不过好在这里汇率低，物价便宜，而且尚未被混凝土覆盖。但另一方面，西班牙并不是打心底里欢迎那些曾公开反对佛朗哥的人。在《危险的夏天》中，欧内斯特为自己从法国边界进入西班牙的旅程虚构了一个惊心动魄的结局，颇具政治意味；实际上，他当时碰到了一位海关官员，碰巧是他的读者和崇拜者，因而一切都非常顺利。他坚持要带玛丽游览潘普洛纳，在那里，欧内斯特全情投入所有的节日庆典中，并第一次观看了安东尼奥·奥多涅兹斗牛，其父为“拉帕尔马之子”[2]，即《太阳照常升起》中佩德罗·罗梅罗的原型;奥多涅兹，以及欧内斯特不久后认识的路易·多明昆，成为《危险的夏天》的核心人物。

1952年，欧内斯特已凭借《老人与海》获得普利策奖。根据其作品改编的电影，连同所有参演的好莱坞影星（亨弗莱·鲍嘉、劳伦·白考尔、伯特·兰卡斯特、艾娃·加德纳、格利高里·派克、琼·贝内特、加里·库珀、英格丽·褒曼）最终确立了他身为二十世纪最著名作家的地位，而当时他的书尚未给他带来如此的声望。他名扬四海；斗牛士们纷纷将公牛“献给”他。他所到之处皆是人山人海。他在斗牛场的出现也成了表演的一部分，记者在赛事报道中也会刊出他的照片。1954年，他被授予诺贝尔文学奖，最终成了一位文学英雄。

1 原文为西班牙语，percebes，意为“傻瓜”。
2 原名卡耶塔诺·奥多涅兹，绰号“拉帕尔马之子”（El Niño de la Palma）。

1 - 斗牛结束后，欧内斯特在人群中签名。摄于1959年，瓦朗斯斗牛场。

2 - 当节日进入高潮……摄于1959年，潘普洛纳盛大的斗牛节上。

3 - 欧内斯特和斗牛士一样，也是斗牛场外的明星：此处和一位热情的女性崇拜者一起。摄于1959年，瓦朗斯。

1

2

3

4

1 -《危险的夏天》的主人公。安东尼奥·奥多涅兹（前景）和路易·米格尔·多明昆，他们是生活中的连襟，也是斗牛场上的战友与对手。

2 - 多明昆在比赛后向观众致意，他的斗牛士服装染上了公牛的血迹。

3 - 欧内斯特（与玛丽）在斗牛场。摄于1959年。奥多涅兹准备“献给”欧内斯特一头公牛，并将自己的蒙特拉[1]扔给他，而欧内斯特正准备接那顶帽子。

4 - 奥多涅兹面对公牛；欧内斯特后来提到他时说，他喜欢将连续劈刺比作一种“写作”。

右图：奥多涅兹来向唐·欧内斯托[2]问好，所有人都伸长了脖子在观察这两位人物。摄于1959年8月。

1　西班牙语，意为黑色斗牛士帽子。
2　此处指海明威。

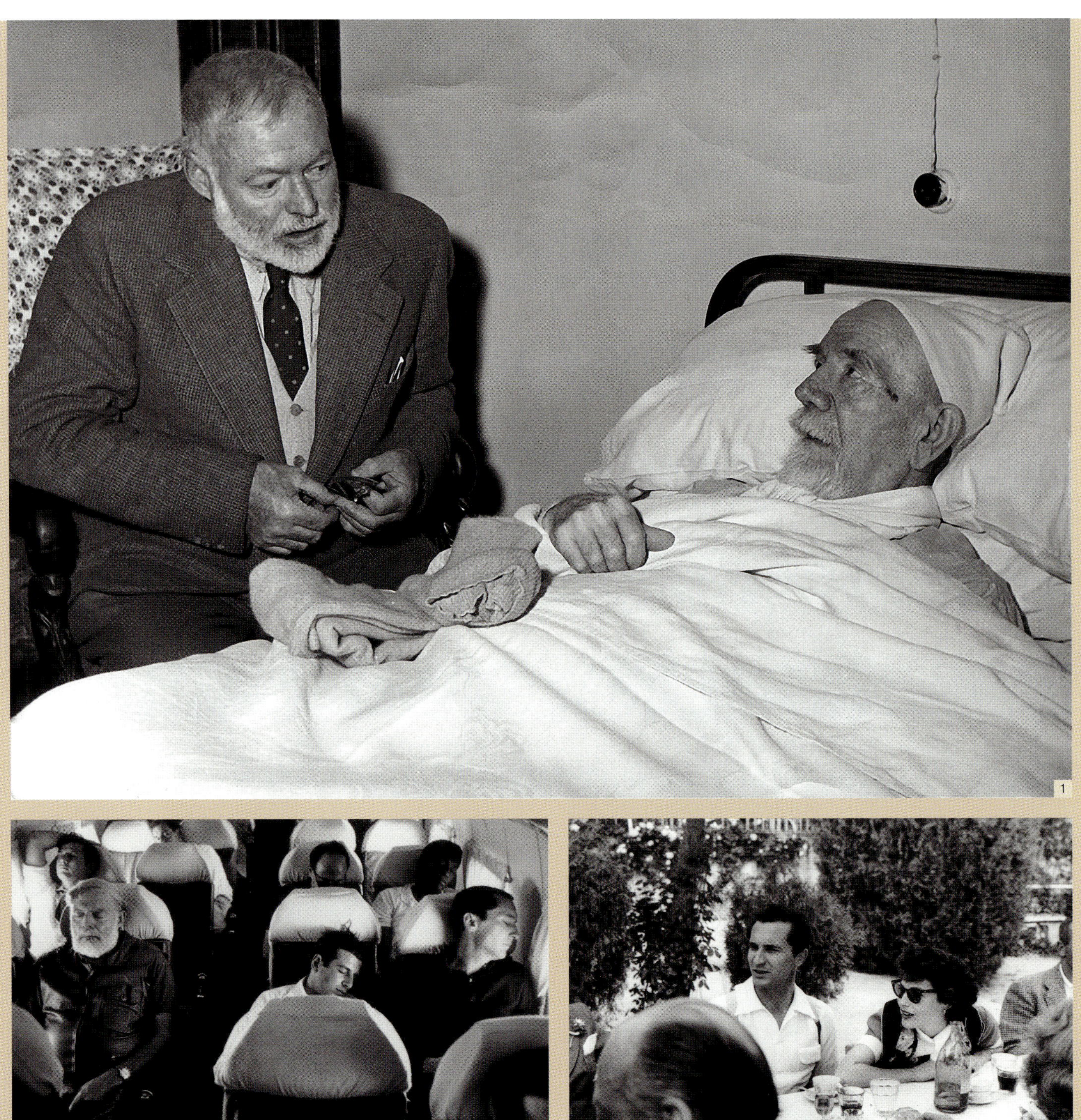

非洲继续吸引着欧内斯特，他或许也希望向玛丽展示自己曾经去过的土地。就在获得诺奖之前，他在非洲连续两次在飞机失事中奇迹生还，而由此带来的后遗症一直令他十分痛苦。他再次关注起斗牛赛季，这一次陪伴他的是亚伦·霍奇纳，他在欧内斯特生命的最后几年里一直陪伴着他，帮他铸就了传奇。霍奇纳在1948年与欧内斯特相识，收集了诸多笔记和趣闻，并写进了《老爹海明威》一书中。在这次旅行中，欧内斯特结识了艾娃·加德纳，当时她刚开始与路易·多明昆交往。多明昆曾邀请艾娃与欧内斯特去他家观看**初试牛犊**，也就是对即将成为斗牛的小牛进行勇敢程度的测试。欧内斯特还如同海明威的普通读者一样，参观了《丧钟为谁而鸣》里提及的地方——小说再一次超越了他的真实生活。

面对白纸，欧内斯特越发被焦虑与恐慌的危机所折磨，他有将近两年没去西班牙，而西班牙却来到了他的身边：1955年，奥多涅兹与多明昆来到瞭望农场看望他。1956年，在斗牛赛季快要结束的时候，他又回到了西班牙并观看了这对连襟的斗牛赛。但这次旅行中最重要的是，他去探望了临终卧榻的皮奥·巴罗哈，他是“九八年一代”的代表人物，也是欧内斯特和整整一代作家所崇拜的大师。

“一代过去，一代又来，地却永久长存。日头出来，日头落下，急归所出之地。”欧内斯特引用《传道书》所言，在《太阳照常升起》的题词中如是写道。西班牙小说界的“老狮子”离世，实际上宣告了新一代的到来，也就是欧内斯特的一代。1959年，欧内斯特最后一次观看了大型斗牛巡回赛，这是一次荣誉之旅，它属于那个败得有风度、有尊严，败得无比**光荣**的斗牛士。就像霍奇纳所写的那样：“装在桶中的老酒有时也会随着季节的更替而有所反应，[……]欧内斯特本人也承认，(1959年这个夏天)将会是他生命中最棒的赛季之一。”这次旅行值得怀念，为了追随奥多涅兹与多明昆之间的一对一斗牛赛，他一次又一次地穿梭于西班牙；两位斗牛士都希望名留青史，成为史上最优秀的斗牛士。欧内斯特有时与斗牛士团队结伴而行，他在《危险的夏天》里记录了一场生死对抗，有两位斗牛士在这次决斗中数次被牛角刺穿身体。

在这场自相残杀的争斗中，并没有真正的赢家，多明昆最终伤势惨重，致使他后来无法重返赛场。欧内斯特去医院看他，在他的床头待了很久；多明昆活了下来，但在回去的路上，欧内斯特不经意地对同伴“霍奇”说：“上帝啊，为什么善良勇敢的人总是死在其他人前头？”

1 - 欧内斯特前来探望临终卧床的西班牙小说大师皮奥·巴罗哈。摄于1956年10月。不久后，欧内斯特悲伤地参加了他的葬礼。

2 - 随着斗牛赛季的疯狂节奏，与奥多涅兹以及多明昆一同旅行。摄于1959年8月。

3 - 多明昆与艾娃·加德纳，后者是众多被多明昆征服的女性中的一位。摄于1959年，阳光海岸。

4 - 与脱下了斗牛士战袍的奥多涅兹在一起的休闲时光。摄于1959年，在康秀拉庄园的游泳池边。

5 - 多明昆在他的住所里进行姿态训练。摄于1954年。

4

5

1 - 艾娃・加德纳与欧内斯特一起观看初试牛犊，在多明昆的住所里。摄于1954年。

2，3 - 潘普洛纳盛大的斗牛节。摄于1959年。

右页：斗牛结束。

3

HE
MING
WAY

1934

# 乞力马扎罗的雪

## 非洲与最后一道边界

“在我写的短篇小说中，没有一篇像《乞力马扎罗的雪》（下文简称《雪》）那样，包含了那么多的自我成分。”1955年，欧内斯特对他的朋友与知己霍奇纳说道。当时，他们住在基韦斯特的一座小房子里，二十年前，作家正是在那里写出了这篇小说。他还补充道，这篇短篇“至少和（他所能）设想写出的一样优秀”。这个短篇是如此的优秀，以至于在很长时间里，他都不知道该写些什么，他在这篇小说里倾注了太多的经历与情感。《雪》发表于1936年，而就在一年以前，欧内斯特方才出版《非洲的青山》，这部作品记录了他的第一次非洲之旅，但反响不佳。《雪》以一句出处不明的引文开头，向读者展示了在一座被马塞人称为“上帝的宫殿”的山上，有一具已经风干冻僵的豹子的尸体：“豹子到这样高寒的地方来寻找什么，没有人作过解释。”引文如是结尾。这段引文摘自一位地理学家的作品[7]，他可能是第一个登上这座山顶峰的欧洲人。不过欧内斯特替换了引文里的动物：原文写的是一只羚羊，在他的小说里变成了一只豹子，反刍动物变成了孤独的猛兽。或许，这只豹子曾追踪一只动物的足迹而来，最终却迷失了方向。那么，欧内斯特又将在非洲做些什么呢？

他后来去了两次非洲，一次在肯尼亚，一次在坦噶尼喀。第一次旅行时，欧内斯特三十四岁；当时他刚刚与保琳结婚，是文学界冉冉升起的新星。新婚妻子的一位叔叔为他们这次豪华的荒野冒险之旅支付了高昂的费用。第二次旅行时，欧内斯特五十四岁；他第四次结婚，并与妻子玛丽回到了非洲：这一次，他从头到脚正儿八经地穿上了Abercrombie & Fitch（深受总统与明星喜爱的户外品牌）服装，再次登上了非洲的最高峰。两次旅行之间，生活、爱情、酒精、战斗、疾病、意外、公众压力以及写不出作品的焦虑尽数接踵而至。如果说第一次非洲之旅是对新的边界的探索，是一位年轻人走进了一片未知的土地，那么，第二次则是重游被记忆、衰老的恐惧和死亡所纠缠的故地。

1 左页：在1953年的非洲狩猎中，欧内斯特独自一人面对“上帝的宫殿”。

1 - 年轻的欧内斯特与他的狮子。摄于1934年。

无论如何，大众所熟知的“海明威”形象中美好的一面正是在这两次非洲之旅中显现出来的。也是由于这两次非洲之旅，这位身着卡其色服装的男人激起了人们强烈的反应。人们已经在佛罗里达州的比米尼岛见过他捕马林鱼，也在斗牛场的沙道边见过他。如果说有一些人迷恋他（特别是一些人试图模仿他，甚至是在外貌上模仿他），那么，另一些人则开始觉得他这个人招人烦，个性有点过于鲜明，总是摆出西方男性充满男子气概的胜利姿态。1933年，欧内斯特对他的好朋友，纽约的编辑麦克斯·伊斯特曼大打出手，原因是后者就《午后之死》发表了一篇文章，题为“Bull in the Afternoon”，字面意思是《午后之牛》，也可以理解成《午后的蠢事》。正如后来人所做的那样，伊斯特曼指出，欧内斯特对自己的阳刚之气与男子气概十分没把握，所以才不断地将其表现出来。除此之外，许多知识分子还指责他失去了理智，因为在这个深陷危机，每天有数不尽的人倒地，有成千上万的人被迫上路去采集作家斯坦贝克笔下的“愤怒的葡萄”的世界里，在这个径直走向新一轮世界大战的苦难的世界里，欧内斯特这个享有如此盛名的作家，却懒洋洋地坐在加勒比海上的渔船里，在西班牙以一头牛的痛苦为消遣，或是在备受饥荒之灾的非洲以屠杀动物为乐。

1

2

1，3 - 启程开始第一次非洲狩猎之旅，在苏伊士运河上的短暂停留以及对非洲的最初印象。摄于1933年。

2 -《非洲的青山》中的人物：本·傅利、查尔斯·汤姆逊、菲利普·潘西沃（白人职业猎手）以及欧内斯特，他们手执战利品大羚羊以及条纹羚。摄于1934年，坦噶尼喀。

4 - 保琳和“她的”狮子，这只狮子应该是欧内斯特射杀的。摄于1934年。

5，6 - 欧内斯特与他的犀牛，同年。

欧内斯特的非洲情结始于童年，那时他读到了“泰迪”罗斯福在1909年前往非洲涉猎的故事。而菲利普·潘西沃，这位美国前总统的非洲向导，在欧内斯特1934年的探险中则成了“白人猎手”。与罗斯福这个美国西部传奇的探索者与开创者一样，第一次非洲之旅于欧内斯特而言也是一次机会，让他得以在非洲，在这片对于白人的男性胜者气概而言如同最后一道边界的大陆上，致力于建立自己的男性功勋。南非小说家、社会活动家、诺贝尔文学奖得主纳丁·戈迪默后来说，欧内斯特爱非洲，但在这种情感的驱使下，他以自己的欲念和需求构建了一个非洲形象，这个非洲与现实几乎毫无关联。同样，非裔美国作家、诺奖得主托妮·莫里森承认，自己在海明威的作品中学到了许多重要的东西，但她指责欧内斯特将非洲居民“逐出了”非洲，或者说，他用一些看不见的生物填满了这片大陆。

3

4

旅行从凯伦·布里克森生活过的地方开始，欧内斯特读过她的《走出非洲》，很是崇拜。1934年1月，狩猎收获颇丰，但欧内斯特却患上了痢疾，“一种特别痛苦的疾病，它让每次成功都变成失败，每次小的失败都变成一场灾难”。为了发泄，他开枪射击那些令他厌恶的鬣狗——在《乞力马扎罗的雪》中，垂死的哈里看见一只鬣狗从他面前经过，他咬牙切齿地说：“这畜生每天晚上都到这儿来。[……] 每天晚上，都十五天了。”小说中哈里的坏疽与欧内斯特的痢疾在对鬣狗的厌恶中合二为一，二人开枪射杀鬣狗，以此报复折磨他们身体的疾病，报复离他们而去的生命。在《非洲的青山》的序言中，欧内斯特写道，写这本“绝对真诚的书”的目的，是为了看看，如果真实的行为被原模原样地再现出来，那这种再现能否“与一部虚构的作品媲美”。如果说非洲的别处首先是写作，那么，欧内斯特紊乱的肠胃以及哈里的坏疽则分别提醒他们，对能力的幻想是有限度的。

5

6

狩猎简直太简单了。欧内斯特对笨重而迟钝的水牛感到失望；当看到狮子趴在他脚边，被苍蝇扰得精疲力竭时，他感到耻辱，射杀狮子的快感也因而消失殆尽；有一回，他撂倒了一头虽近在咫尺，但保琳依旧没有射中的狮子，当大家都在庆贺妻子并未取得的成功时，欧内斯特感到的却是欺骗与谎言的痛苦。一只被误杀的母羚羊和一只因射偏而受伤、落入鬣狗之口的公羚羊，则让欧内斯特感到恶心。现实令人失望。

他还描述了狩猎的激动人心以及带回的战利品。只不过，他所说的战利品，是指战利品的尺寸。在《非洲的青山》中，欧内斯特描绘了一些孩子气的滑稽场景，难免让人想到《流动的盛宴》里的桥段，据欧内斯特讲述，斯科特・菲茨杰拉德因为对于自己是否拥有正常男性的尺寸感到怀疑，于是和他遍游博物馆，以此确认自己的尺寸达到了标准水平。为了解决这个“尺寸问题”，两人甚至在卫生间里比较他们的男性象征，好让欧内斯特能够向斯科特保证说，他是“完全正常的”。在非洲，这场竞赛再次上演。当欧内斯特发现，他所射杀的那只黑色犀牛最大的角才勉强比得上朋友查尔斯・汤姆逊所射杀的那只犀牛最小的角时，他感到懊恼。而当他看到他射杀的捻角羚（一种角呈螺旋状的大型羚羊）的角几乎只有他的劲敌查尔斯射杀的那只羊角一半大时，他终于“被嫉妒所吞没”。潘西沃想安慰他“这几厘米根本代表不了什么”，但却徒劳无功，在欧内斯特生活的幻想世界中，尺寸极其重要，而且他知道，在男性主导权的游戏里是不可能感觉不到竞争的，即便如潘西沃在这出男子气概的戏剧[8]的最后一幕中所说，“这糟蹋了一切”。

战利品及其尺寸的意义，如同在人类的远古时期一样，在于确保狩猎者的男性权力。然而，这一切更像是一则道德故事。欧内斯特所讲述的非洲是一片被“外国人摧毁”的大陆；此时的欧内斯特已经幻想着回到非洲，但不再是作为一个捕猎者：“我将重返非洲，但不是去那里谋生。[……] 我将回到我（乐于）生活的地方；真正地生活。不只是打发日子。我们的祖先去了美洲，因为那是当时该去的地方。”欧内斯特说。欧内斯特的非洲表达了一种“对幸福的追寻”，对于一个美国人而言，这是一种形而上意义上的“对幸福的追寻”，不过这种追求是通过写作以外的方式实现的；这片大陆应该成为一座剧院，而冒险则应成为一出道德剧。

欧内斯特因为身染痢疾，差点危及性命，所以被紧急遣返至内罗毕进行一段时间的治疗，他的非洲之旅也因此告一段落。当再次回到热带丛林时，他又继续开始狩猎；一个灰蒙蒙、潮湿的早晨宣告了雨季的临近。这次旅行漫长而颠簸，从小路到火车，从火车到船，接着又是船，又是火车。“当我们到达一片大陆，这片大陆就迅速老去”：这些地方衰竭、化为灰烬，一如当地的居民。在历史这本书上，每天的新闻以及那些被吞没的生活细节连脚注都算不上，但非洲一直都在，“因为我们在书里书外都到过那里——如果我们还算懂行的话，那么，凡是我们去的地方，你们都可以去，就像我们一样”。

左页：乞力马扎罗山之景。摄于1953年——那时，山顶上的积雪还很厚。

1

2

回到美国后，欧内斯特开始失眠，而且就像他在《非洲的青山》中写的那样，他开始想念非洲，仿佛非洲是刚与他做完爱的女人，当他正情绪低落，正感受着高潮之后的小型死亡时，这个女人却离他而去。之所以如此，是因为下一次的梦想之旅，他只能身在远方，通过写作来实现。根据他那个日后为人所知的规矩，他得在巴黎写密歇根、在古巴写巴黎、在佛罗里达写西班牙，所以，他是在基韦斯特写的非洲——生活，永远在别处。欧内斯特梦想探索（又或许是想占为己有）的大地是写作的大地，在那里，生活如同在非洲，“你可以拥有它并且永远想拥有更多，为了占有并存在、生活于其中，为了重新占有、永远占有它，为了这漫长而又戛然而止的永远”。

1952年，亨利·金将《乞力马扎罗的雪》搬上荧幕，由格利高里·派克和艾娃·加德纳出演主角。不过有“一处小改动”：电影最后哈里并没有死，而是回到了祖国，就像欧内斯特生病的时候那样，他坐在飞机上，在天空中渐行渐远，仿佛一半是人、一半是天使。“他们只是在做一桩买卖”，英格丽·褒曼后来曾评价该片制片人，“他们只关心票房，而他们最不尊重的就是作者”。现实总是让欧内斯特失望。两年前，在他的长久居住地古巴，他一直关注着《过河入林》的出版，但这本书反响很差；他投入《岛在湾流中》的写作中，但写得很慢，欧内斯特因前一本书的负面评价而对自己充满怀疑，他害怕自己失去了以前的写作水准。更不幸的是，他的母亲于1951年6月在孟菲斯去世；同年，保琳与欧内斯特因为儿子帕特里克大吵一架，之后，保琳接连几次内出血，随后于洛杉矶去世。1952年2月，他的出版人查尔斯·斯克利布纳又在纽约离世。

直到《老人与海》问世，欧内斯特才与评论界和解，并最终定下心来：小说首先于《生活》杂志发表，该杂志因此卖出了五百多万册，之后，斯克利布纳出版公司又加印了五万册。1953年6月，欧内斯特离开了巴蒂斯塔掌权的哈瓦那；他启程前往纽约，之后到了巴黎以及西班牙的潘普洛纳、塞戈维亚和马德里。最后，他到达了非洲，最终结束了三年以来从一个岛到另一个岛、从未踏足大陆的流浪生活。欧内斯特希望非洲是属于他的大陆。

1 - 欧内斯特与玛丽在临睡之时。摄于1953年。

2，3，4 - 欧内斯特在营地写作；厄尔·泰森为《观望》杂志所拍的这些照片巩固了海明威的形象。

5 - 玛丽与欧内斯特收养了一只瞪羚宝宝。

1 - 欧内斯特前去狩猎；我们注意到这张照片的光线和构图与反映写作中的欧内斯特的照片如出一辙。笔与枪都和集体想象中的海明威形象有关。

2 - 表演背后：人们总是忘记照片往往是摆拍的。

3 - 藏匿，不让犀牛发现。

右页：欧内斯特与他的水牛。摄于1953年的非洲狩猎之行。

在肯尼亚的蒙巴萨，欧内斯特与儿子帕特里克重逢，那时，帕特里克已经在坦桑尼亚的达累斯萨拉姆附近拥有了一处广阔的开垦地。在哈佛以优异的学习成绩获得了历史与文学学位后，帕特里克成为一名猎手兼国猎者。正是他后来编辑了被欧内斯特称为“非洲日记”的作品，该作记录了欧内斯特的非洲之旅，最后没能完成——这部作品直到1999年才以《曙光示真》为名出版。当时陪同欧内斯特的还有菲利普·潘西沃；他的陪伴贯穿了欧内斯特一生，并第二次担任了他的向导。继罗斯福之后，这位白人职业猎手此次将要陪伴的是欧内斯特，也因此成为那个时代美国的保卫者。凭借《老人与海》获得普利策奖之后，欧内斯特签署了一份为他带来不菲收入的合同：内容包括其作品的电影改编，并就其在非洲的历险接受《观望》杂志的一系列采访，由该杂志著名摄影师厄尔·泰森负责拍照。自此，“海明威”超越了欧内斯特，这给他带了一种复杂的感受，既感到“近乎悲怆”的愉悦，又感到冰冷的恐惧：“这些该死的宣传。”第二次非洲之旅后，满怀悲痛与苦涩的他向霍奇纳发泄道。

他把非洲当作一个新的迦南[1]，在那里，他可以重新追寻幸福。事实上，非洲成了"老爹"海明威表演的剧院。由于酗酒过度，他从吉普车上摔下来受了伤。到了白天，他也没醒酒，故而瞄不准猎物，事态之严重，连冷静沉着的潘西沃都失去了耐性。此时，欧内斯特玩过了头。他剃了平头，宣布要融入土著人；他将自己的衣服染成橘黄色来模仿马塞人的长袍。更有甚者，在玛丽往返内罗毕期间，他找了一个名叫德巴的乌卡巴族姑娘做情人。1954年，当欧内斯特回到欧洲时，他对霍奇纳说，自己将"在9月有一个非洲儿子"，不过这终究只是个传说。玛丽开始习惯于丈夫自大的荒唐行径，所以只是说了句，这个姑娘应该需要洗个澡，可欧内斯特却写信向纽约的朋友吹嘘：我的小姑娘"皮肤黝黑，漂亮极了"；又补充说，她"十分可爱、粗野而精致"，并且总结道："总而言之，她让我欲火焚身。"

1 在《圣经·旧约》中，迦南被称为乐土。

左页：身着拳击装备的欧内斯特，显得有些笨重，他在与一个一身短打的年轻战士练拳，另外两个穿着民族长袍的人正带着嘲弄的神情观战。

1，2，3 - 在马塞战士的注视下，也在泰森的镜头中，欧内斯特与玛丽乘坐吉普车准备离开。

4 - 一个年轻的非洲女孩被"老爹"的魅力所吸引。

1

4

2

3

当欧内斯特抛却了以自我为中心的大男子主义角色的时候，他又找回了些许平静。他甚至不再射杀动物，而是满足于观察它们，或者坐在壮美的风景里看书，或静静地凝视自然。为此，他租了一架塞斯纳小型飞机从默奇森瀑布上方飞过，这条瀑布发源于维多利亚湖，最终汇入尼罗河。当他们靠近观赏瀑布时，飞行员发现迎面飞来一群白鹳；为了避开鸟群，他将操纵杆一推到底，飞机却缠上了一条悬于峡谷中的电报线。接着，他们迫降在矮树林中，飞行员安然无恙，而玛丽却摔断了两根肋骨，欧内斯特的一侧肩膀也在吉普车车祸后再次脱臼。

第一次飞机失事后，就有报纸报道了欧内斯特的死讯。有一个名叫卡特赖特的飞行员，是个爱绷着脸说笑的人，他很庆幸“(欧内斯特的)死讯只是夸大其词”，立即提出要送海明威夫妇回恩德培。于是便有了第二次飞行和第二次事故：飞机刚从坑坑洼洼的路上起飞就着了火。与海明威夫妇同行的一名男子用脚踹碎了一扇玻璃窗，推着玛丽一起冲出了机舱，飞行员也用同样的方法逃出。而欧内斯特却发现门被卡住了，于是便像一头斗牛那样，以头冲破牢笼——“他的求生欲和自毁欲之间的矛盾，似乎全都包含在了这些疯狂的撞击中，而他也因此再次遭受脑震荡”。玛丽伤势严重，欧内斯特则险些丧命。经过陆地上的长途跋涉后，欧内斯特接受了检查，医生说，除了严重的脑震荡（还有出血、脑浆渗出头骨）之外，他的肝脏和肾脏也严重受损，足以让他死上好几回。

1，2 - 第一次飞机失事的残骸。

3及右页：在第二次飞机失事之后，欧内斯特明显被击垮了，正饱受烧伤之苦。

*Report from Africa:*

**HEMINGWAY, WIFE KILLED IN AIR CRASH**

Story on Page 3

(International Photo)

**'NO SIGN OF LIFE' AT WRECK . . .**

Mrs. Mary Hemingway, fourth wife of Pulitzer Prize winning author Ernest Hemingway, is believed to have perished with him in the crash of a charter plane in the East African jungle where they had been on safari. At right, one of the last pictures of the 55-year-old Hemingway, as he posed in the African bush with a leopard he shot several weeks ago.

*(Other Photos, Page 3)*

照片注释：宣告欧内斯特及其妻子的死讯。这张照片曾刊登在《观望》杂志上。虽然尚未确认这只金钱豹是否为欧内斯特所射杀，但玛丽坚持认为这张经典照片的确是在其丈夫射杀了一只豹子之后才拍摄的。

当欧内斯特现身新闻发布会时，他表现得依旧很“海明威”，手拿着一瓶杜松子酒和一串香蕉，对所有前来见证其“涅槃重生”的记者们说道：“我的幸运本身就是一种魅力。”小说中的人物与他们的作者终于合二为一了。《新闻周刊》（《泰晤士报》发布了海明威的第二次死讯，抢了他们的头条）完全不顾真实性与职业道德，大肆宣扬说，“尽管医生建议”要他在家休养，但坚不可摧的“老爹”依然前去征服乞力马扎罗山！真相则没那么光荣，更多的是痛苦。欧内斯特好不容易才向《观望》杂志口述了他的经历；之后，当他前往海边休养时，一片灌木丛突然起火，他本想拼尽全力去救火，却倒在了火场，再次遭到重伤。

欧内斯特进入了他自己的传奇，这个传奇就像他在《流动的盛宴》开头讲述的那个小说一样：“这篇小说在自行发展，为赶上它，我着实吃了一段时间的苦。”他不会再回非洲了，一个他越发难以把握的角色使其远离这片大陆，其他人将为他写作，以此获得狡黠的乐趣。尽管这位名人一直保持着自己的形象气度，但霍奇纳于1954年在威尼斯（当时海明威夫妇在那里短暂停留）时注意到，这个男人“似乎缩小了……不是身体缩小，而是他巨大光环中的某种东西抛弃了他”。“海明威”占了欧内斯特的上风。

HE
MING
WAY

# 岛在湾流中

## 写作于海天之间

“从我孩提时代到少年，再到青年，无数的秋末，我一次又一次地经历，我知道在有些地方谈论秋末比别的地方更好。”1959年前后，欧内斯特在古巴的瞭望农场里写道。欧内斯特一直都是大自然的观察者，他终其一生都需要在别的地方写作，他将这种需求称为“迁移”，并且认为无论是对人类还是对其他生灵，这都是必不可少的。

在约翰·多斯·珀索斯的建议下，1928年，欧内斯特带着怀孕的妻子保琳去了基韦斯特。在这之前，海明威夫妇刚刚结束他们的蜜月旅行以及一次西班牙之旅，值得一提的是，在这次西班牙之旅中，画家华尔多·皮埃斯一直陪伴着他们。基韦斯特是个很怪的地方。这座小岛在美国最南端，它长不过8公里，宽也仅3公里；它距离哈瓦那只有150公里，距离美国内陆却有200公里左右，离纽约更远，有差不多2000公里。如今，岛屿之间已经架起了连通的大桥，可以直接通往美国1号高速公路的0公里处。但在当时，海明威夫妇只能乘船前往基韦斯特。基韦斯特——美洲大陆失落在茫茫大海中的那一小块地方，它“糅合了楠塔基特岛以及新奥尔良市的特点”：让人萎靡的热带气候，随处可见的斗鸡比赛以及“热闹的色情酒吧”，酒吧里，人们无视禁令，烈酒成河。那家邋遢乔酒吧尤以欧内斯特而闻名，酒吧的老板原来干过走私烈酒和古巴雪茄那一行，后来成了海明威《有钱人和没钱人》一书中哈里·摩根的原型。

左页：欧内斯特，年轻而健壮的渔民。摄于1928年夏，基韦斯特。

1 -“比拉尔号”首任水手长卡洛斯·古铁雷斯（最左）和渔民。

2 - 从游泳池边看去，欧内斯特位于基韦斯特的住宅的全貌。

3 - 保琳坐在科希玛的堤坝上。摄于1929年，古巴。

1

欧内斯特在基韦斯特结交了许多朋友，比如乔，绰号“乔西”[1]。他们都喜欢简单的生活方式——只有纯朴的友谊，没有上流圈和文学圈的复杂纷扰。1928年4月，当地银行拒绝为欧内斯特兑换一张1000美元的支票，是乔二话没说，冒险为他做了担保。当时，欧内斯特已经是天底下了不起的钓手，可正是和乔一起，他又学到了捕猎马林鱼那一手，并且他们两人曾多次乘坐“安尼塔号”一同到大海里远征。继打猎、滑雪和斗牛之后，欧内斯特又发现了一种新的可以一展身手的领域，这一领域结合了技巧、灵活性、知识、天赋、运气以及机遇；他终于可以为他的写作找到一个新的隐喻。在后来成为其代表作的《老人与海》当中，老人与马林鱼之间的那场持久战，同样也是两个对手之间试图看穿、挫败对方策略的一场斗争。因此，在光滑的海面上，马林鱼把老人一直拖到看不见陆地也看不见方位标的地方，正和写作牵引着欧内斯特来到基韦斯特一样。和一直以来一样，这是一种生死攸关的阅读与写作：“鱼，[……]我是如此喜爱你。我尊重你，但在天黑之前，我一定要了你的命。”老人说。

在“安尼塔号”的一次出海中，欧内斯特遇见了卡洛斯·古铁雷斯，后者是马林鱼专家，同时也是讲述捕鱼故事的能手，他的故事常常让海明威听得如痴如醉；古铁雷斯后来成为“比拉尔号”（海明威生命中具有象征意义的一艘加勒比海地区的渔船）的第一任水手长。欧内斯特很快便在基韦斯特形成了自己的小圈子并将其写进他的故事当中，比如在《有钱人和没钱人》中，他就写进了很多他的朋友、情人以及敌人。这当中有临时的同伴，比如约翰·多斯·珀索斯和华尔多·皮埃斯；也有一些童年好友，比如比尔·史密斯——尼克·亚当斯故事集中的“比尔”；最后，还有一些当地人，比如“邋遢乔”或是《非洲的青山》中“卡尔”的原型查尔斯·汤姆逊。欧内斯特在这样一个到处讲西班牙语，种族融合随处可见的环境中养成了自己的习惯；欧洲已经深深地改变了这个橡树园男孩。

2

1　Joe：原名Joe Russell，海明威喜欢称呼他为Josie Grunts，下文的“安尼塔号”船主。

1 - 欧内斯特在科希玛。摄于1929年，古巴。

2 - 乘坐“安尼塔号”捕鱼归来，这艘船属于欧内斯特的朋友“乔西”。

3 - 漂亮的战利品。摄于1928年，基韦斯特。

4 - “安尼塔号”上，约翰·多斯·珀索斯在为他的妻子凯蒂读书。摄于1932年。

5 - 卡洛斯·古铁雷斯与欧内斯特在“比拉尔号”上。摄于1934年前后。

他过着极其规律的生活，每一天都是由写作开始；后来，他曾略带夸张地声称自己见过生命中每一个日出。他一直都在探求自己所称作的“晨曦初现时的真实”，并养成了终生未变的工作习惯。比如，相比坐着，他更喜欢站着写作，因为他觉得“站着更有精神”，而且“谁会坐着打完十场仗呢”？他习惯用手写下描述性段落而用打字机打出对话，“因为人说话就像是打字机一样”。下午三点半，他便会离开自己小小的写作室，前往位于格林街428号的邋遢乔酒吧，在那里，一位130公斤重的黑人侍者“斯金纳”会为他调制一长串的饮品，其中最有名的是“老爹的渔船”。1936年，也正是斯金纳收了一位名叫玛莎·盖尔霍恩的金发美女20美元小费，将其引见给了海明威。欧内斯特和朋友们喝酒时总是活力十足，从未喝醉过；海明威的许多重要作品均创作于1928年至1938年在基韦斯特岛的居住时期：《永别了，武器》、《午后之死》、《有钱人和没钱人》和有关非洲的故事，比如《非洲的青山》、《乞力马扎罗的雪》和《弗朗西斯·麦康伯短暂的幸福生活》。“自从到美国以来，我从来［……］没有感受到过如此的身心畅快，也从来没有过如此饱满的精神。”他向他的出版人查尔斯·斯克利布纳写道。

欧内斯特的父母在他们到达基韦斯特不久后前来探望。欧内斯特察觉到父亲有些消瘦和焦虑，对父亲不希望保琳在密歇根州的佩托斯基生产感到有些惊讶。保琳最终在堪萨斯城生下了儿子帕特里克，小名“小耗子”。海明威夫妇之后又开始了旅行。他们的旅行略显疯狂，几乎横穿了整个美国；他们从佛罗里达出发，来到了怀俄明州，在这里，欧内斯特每天在老朋友的农场里狩猎。之后，他们到了橡树园，后来又在马萨诸塞州遇见了斯科特和泽尔达·菲茨杰拉德夫妇，最后他们又回到了位于佛罗里达最南端的基韦斯特——别处，永远在别处。

12月，欧内斯特前往纽约，去接刚从巴黎回来的大儿子邦比。在路上，他突然收到一封电报，这封电报以一种如今已然消失而在当时通信业惯常的简练、生硬的口吻告诉他，他的父亲去世了。欧内斯特将五岁的儿子交给列车行李员，拜托行李员将儿子送到目的地，自己则跳上一列前往伊利诺伊州的火车。后来他在《岛在湾流中》一书里设想了主人公托马斯·赫德森的妻子及孩子以这样一种方式离世——“**令郎戴维及安德鲁与其母于比亚里茨附近遭车祸身亡诸事已先代料理万望即来致最深切的哀悼。**”1928年12月6日的那封电报里说：“望于纽约寻得欧内斯特海明威告其父逝速与家中联系。”欧内斯特的父亲是用其父安森留下的手枪自杀的，安森曾参加过南北战争，这在《丧钟为谁而鸣》里罗伯特·乔丹的回忆中也曾提及。想到这年春天与父亲在基韦斯特的最后一次见面，欧内斯特内心充满了痛苦与悔恨。12月，他曾给父亲写信，试图劝慰他不要忧虑，但这封信在枪声发出后20分钟才到达北凯尼尔沃思大道600号（或者是**可能**到达了，因为这是欧内斯特自己所说的）。1903年，哈德莱的父亲自杀，她曾为此与欧内斯特进行了长时间的交谈，而后者则开始思考“自己也会以同样的方式死去”。6月，他给儿子取名帕特里克，想着可不能用自己的名字给儿子们命名，免得日后孩子们拿自己跟他做比较。

1 - 保琳为欧内斯特理发，此时他们正在比米尼岛看望一位朋友。摄于1930年。

2 - “安尼塔号”船主“乔西”经营的邋遢乔酒吧如今依旧位于杜佛街与格林街相邻的街角。

3 - “安尼塔号”上，欧内斯特与乔·罗素（“乔西”）为他们的收获而干杯。卡洛斯·古铁雷斯在他们两人中间，他们的朋友乔·劳在右侧。摄于1933年，基韦斯特。

4 - 墨西哥湾暖流带中众多岛屿里的一座，欧内斯特喜欢这里简朴而粗犷的生活。他永远怀念这里大规模旅游开发之前的风景。摄于1937年，比米尼岛。

基韦斯特，1928年春天，克拉伦斯与格莱斯前来看望欧内斯特与怀孕的保琳。这是欧内斯特与父亲的最后一次见面。

1 - 欧内斯特的打字机。手稿校读几十遍之后，他才会用打字机打出来。每天的写作是从重读前一天的文字而开始。

2 - 欧内斯特的猫的墓地。他的猫常常是多趾的：它们的爪子上通常会多一两个趾头。这所房子如今成了一座饲养了五十多只猫的博物馆，它们都是欧内斯特的猫的后代。

3 - 古巴瞭望农场里欧内斯特的办公桌。

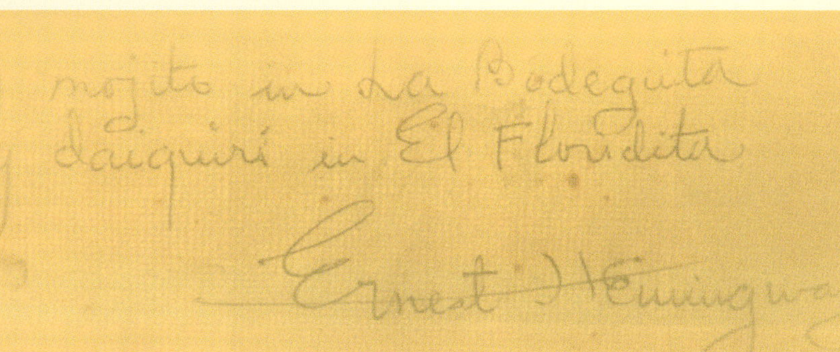


4 - 欧内斯特和一个渔民在哈瓦那的佛罗里达酒吧。

5 - 欧内斯特酷爱鸡尾酒：必不可少的代基里酒，还有血腥玛丽或者干马天尼。他认为最好的鸡尾酒是“吧台后的马天尼酒”。

1
2

1-古巴渔民在他们的船上；这些场景后来在《老人与海》中重现。

2-欧内斯特和他的儿子"小耗子"帕特里克、"邦比"约翰以及一条漂亮的金枪鱼。摄于1935年，比米尼岛。

3-欧内斯特与邦比。摄于1928年，基韦斯特。

4，5-欧内斯特与邦比在"比拉尔号"上。摄于1935年；欧内斯特在海上射猎玩乐时，被弹回的子弹打伤。

6-这是和捕鱼战利品合影的经典姿势。数百张类似的照片见证了他捕鱼的能力以及他收集战利品的喜好。

保琳希望为欧内斯特生个女儿，在1931年，他们还是迎来了欧内斯特的第三个儿子——格瑞戈里。欧内斯特对父子关系的看法一直模棱两可，但这并不妨碍他在三个儿子的生活中留下深刻的影响；他一方面在寻找某种方式保护儿子不受自己最具毁灭性的阴暗面的影响，另一方面却又忍不住想让儿子经历考验与危险，从而成为真正的男人。欧内斯特在《父与子》等小说中探索过这些主题，在一些场景中，就像欧内斯特的儿子们终其一生所感受到的那样，儿子都被要求表现得与他们父亲的人生与名誉相匹配。在《岛在湾流中》一书里，他的儿子们仿佛戴了透明的面具，变换了姓名出现在小说中：约翰成了"汤姆"，而帕特里克（欧内斯特最喜欢的儿子）则是"戴维"。小说中，戴维和一条大马林鱼展开了斗争，这条鱼对于他这样的孩子来说实在太大也太重了。小戴维的手和脚都开始流血，他的哥哥见此开始担心，请求父亲结束这场危险的游戏："这世界要不是这样残酷该有多好呀，自己的兄弟要是能免了这样的磨难该有多好呀。"父亲托马斯·赫德森回答："我知道如果戴维今天要是能捕到这条鱼的话，他的内心就会长出一种力量，伴随他一辈子，以后再要遇上其他磨难，对付起来就容易了。"不要做一个胆小鬼，要做一个男人，一个真正的男人。有一些事情欧内斯特终其一生也明白不了，只有他笔下的人物可以让他看清并向别人表达——往往太迟了。小说以这句话结尾："得了吧，[……]人家爱你，你可就是从来不理解人家。"

3

4

5

6

亚伦·霍奇纳后来坦言，他从欧内斯特那里学到了一个人生哲理，可以概括为一句话："不要混淆活动与行动。"[1]假若我们仔细对照欧内斯特的一生，这句话似乎有些矛盾：首次非洲旅行结束后，他的生活依旧处于旋涡般的混乱中。从佛罗里达到怀俄明州，中间经过阿肯色州皮戈特市，他随着狩猎与捕鱼的季节迁移。这当中还包括了旅居欧洲，到西班牙潘普洛纳观赏斗牛以及为了监督他这些年所创作的大量作品的销售状况而在纽约稍事停留。就像小说《岛在湾流中》里托马斯·赫德森的妻子对丈夫所说的那样，"对他来说，地理起不了什么作用"。然而，正是当他停下活动、开始写作时，欧内斯特才真正成为一个去往陌生别处的流浪者。虽然他经常来回奔波，但他却是一个沉得下心的人，甚至仿佛自身变成了手中的一支笔或一本书，这一点我们可以从他不计其数的文字以及多达7500册的藏书中看出，这些藏书一直跟随着他并随着他的搬迁而不断增加。

1 "Confonds pas mouvement et action."

1

在基韦斯特，欧内斯特勤奋写作，过着平静而安逸的生活。1934年，他拥有了自己的船——“比拉尔号”，船名取自萨拉戈拉城主保圣人的名字。接着便是一次又一次地出海捕鱼。欧内斯特用《老爷》杂志预付给他的稿酬支付了昂贵船费的一半，根据他们签订的协议，他之后要为该杂志撰写通讯报道。1934年6月，富兰克林·德拉诺·罗斯福总统倡导推行新政，这项史无前例的经济复苏计划旨在解救经济危机重压之下的美国。9月，阿道夫·希特勒成为德国元首，纳粹德国的国防军宣誓只对他个人效忠。在这段时间里，欧内斯特或是打鱼或是为《财富》杂志写一些文章——一些朋友指责他是在“把球传给别人”。这些年来，许多人认为欧内斯特最好不要再去清点或称量他的鱼（这是他养成的一个强迫症般的习惯），而是应该更多地去关心他周围的世界。对于此事，虽然之后欧内斯特为他的怒气道了歉，但他并不把这些人的说教放在心上。他继续捕鱼游玩，从一个岛到另一个，从佛罗里达到古巴，从古巴到比米尼岛——这是一个珊瑚小岛，欧内斯特尤其喜欢岛上的原始自然风貌。这里不仅有为生计操劳的海绵采集者与渔夫，还有一些无业游民、花花公子以及所谓的艺术家，他们来到这里也是和他一样为了忘记俗世。一方面被极力恭维，另一方面又遭遇诋毁，欧内斯特自认是当代美国最伟大的作家。他不停地吹嘘自己的成就、持久的活力与旺盛的精力。他一点也经不住批评与反对意见，那些对他提出质疑、挑战的人都被他回敬以粗鄙的言语或是拳头，诗人华莱士·史蒂文斯就是和他在基韦斯特的一家酒吧里打了难忘的一架。

2

1 - 海明威夫妇以及一些围着他们转的名人访客。这当中有男爵冯·布利森（欧内斯特左边）以及他的夫人伊娃，站在保琳旁边。摄于1935年，比米尼岛。

2 - 欧内斯特在办公桌前。摄于1937年，基韦斯特。

3 - 伊娃·冯·布利森与战利品合影。摄于1935年，比米尼岛。

4 - 停在港口的“比拉尔号”。

5 - 古巴画家安东尼奥·加洛莫与妻子莉安、欧内斯特及其捕捉的重达60公斤的马林鱼一起合影。摄于1934年。

欧内斯特却总能将自己的愤怒转化为慷慨大方的行为。比如，他曾为西班牙画家路易·金塔尼利亚（他们两人于1922年在蒙巴纳斯相识）在纽约举办了一次展览，这位画家曾经因为参与革命活动而被关押在西班牙的监狱多年，在欧内斯特和约翰·多斯·珀索斯不遗余力的帮助下才最终重获自由，后来他在西班牙战争期间以共和军将军的身份效力。1935年，一场飓风席卷了基韦斯特附近的岛屿，造成数百人伤亡，其中大部分是穷人以及一战退伍军人。欧内斯特在一份共和党报纸上发表文章，指责有关当局草率行事，在发布了灾难预警之后却没有采取任何措施来保护、安置群众。欧内斯特对朋友同样慷慨大方，在经济上帮助他们，不过，他对金钱始终保持着一定的双重态度。他对使用其岳父、岳母，即帕发弗夫妇的资金非常谨慎挑剔，但却同意让保琳的叔叔格斯资助他们的非洲之行，在当时一顿饭只要25美分的情况下，他提议投资80万美元用于在古巴建造斗牛场并在那里推广斗牛术！在《乞力马扎罗的雪》中，气息奄奄的哈里在思考金钱对才能的腐蚀之时曾提及他妻子的“该死的臭钱”；而《岛在湾流中》里，托马斯·赫德森在提到他为钱写作的朋友罗杰时，也称其“丢弃和浪费了他所有的才能”。金钱问题此后一直困扰着欧内斯特。他以往一直渴望成功带来的荣耀与报酬；然而如今，他却质疑他所创造出的不是自己一直所追求的“真正的”写作，只是有钱人和无所事事的人用来点缀生活的东西。他之后说道：“一个作家的正直就像是一个女人的童贞一样：一旦失去，就再也找不回来了。”欧内斯特对写作与性之间关系的比喻虽然有些唐突，但还是表现出了当一个人害怕自己不够出色时的那种脆弱与焦虑。

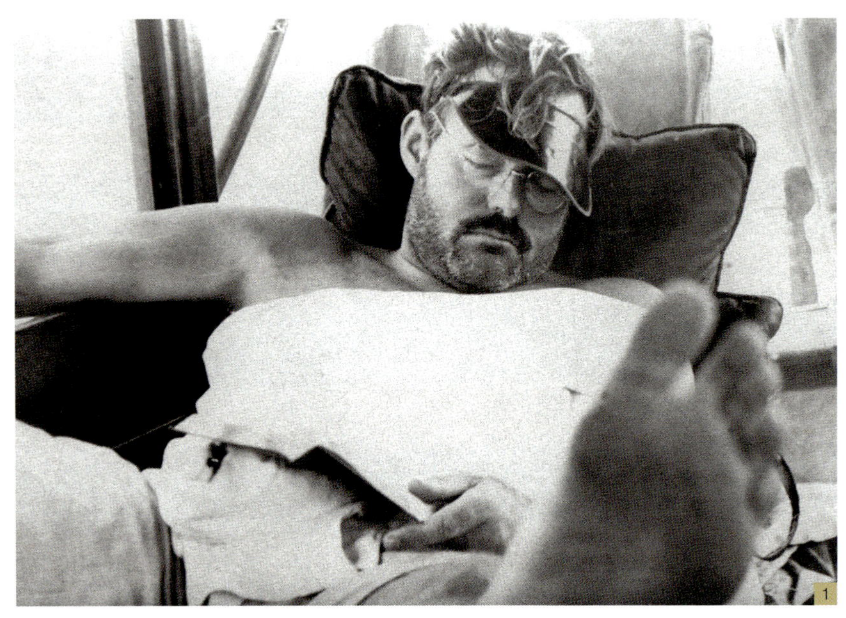

1 - 比米尼岛海域中，欧内斯特在“比拉尔号”上打盹。摄于1935年。

2 - 欧内斯特与友人乔·劳；这条马林鱼在拖上岸前曾被鲨鱼咬伤。

右页：在欧内斯特的照片集里，有许多像这样的特写；特别的是，在这条鱼的眼睛里，我们再次感受到了《老人与海》的吸引力。

发表于1937年的《有钱人和没钱人》是欧内斯特唯一一部完全以美洲为背景的小说，他想借这部小说来回应那些要求其更多地介入政治并加强政治意识的人。这部小说无论是在大众读者还是在批评界当中，都只获得了非常有限的赞誉。由此可见，欧内斯特并没有想借这部小说表达他真实的想法，他更倾向于通过不带政治色彩的短篇小说来表达自身的理念，这些作品探索了男女之间或父子之间充满张力的关系，比起许多试图阐释这些紧张关系的论述，小说更好地揭示了这种关系产生的文化根源。

1936年，欧内斯特认识了玛莎·盖尔霍恩。很长时间以来，他和保琳已经渐渐疏远。之前，“他曾将自己的犯罪感转化成了艺术”并写进他的作品里，比如《永别了，武器》和《乞力马扎罗的雪》。欧内斯特在玛莎的陪伴下报道西班牙战争；他与保琳虽然不时见面，但却已开始了漫长而痛苦的分居。1939年2月初，他离开基韦斯特，在哈瓦那的木多斯讲道台酒店里住了一个月，玛莎很快便来会合。他们从4月开始租住瞭望农场并在12月将其买下，这个农场后来在很长时间里是欧内斯特的主要居住地。欧内斯特开始创作献给玛莎的《丧钟为谁而鸣》。他后来说自己是如何喜爱基韦斯特并在那里写出了许多作品，但同时又声称：“我宁愿吃下猴子的粪便也不想死在基韦斯特。”1939年12月，他把余下的行李搬往古巴；属于基韦斯特的一页最终翻过。

全世界都进入战争状态之时，欧内斯特仍然在爱达荷州凯彻姆附近的太阳谷中狩猎。玛莎去报道芬兰战争了，欧内斯特觉得“要命地孤单”。不久后，海明威夫妇为了报道中日战争而走遍了亚洲；接着作为记者，他们各自前往欧洲前线。欧内斯特对于玛莎想在滇缅公路上度蜜月的愿望冷嘲热讽，此后，他们之间渐渐不合，最终在战争结束时离婚，再也没有一起回到过瞭望农场。1944年5月，欧内斯特在伦敦邂逅了玛丽——他的下一任缪斯。就在被德军抓捕的“邦比”约翰获释的同一天，玛丽在古巴住了下来。

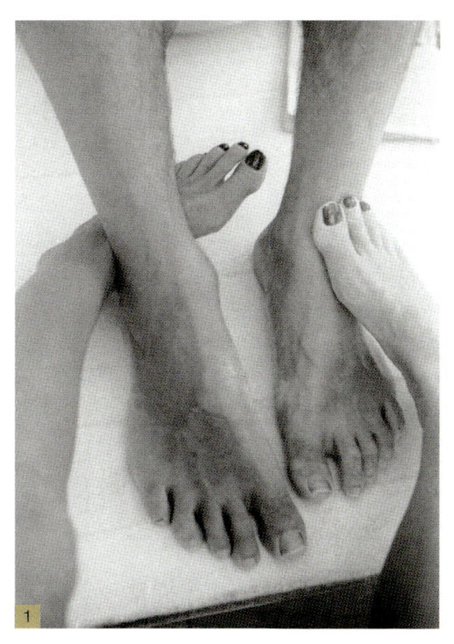

1

2

3

左页：保琳在木多斯讲道台酒店（两个世界酒店）。摄于1928年，古巴哈瓦那。海明威夫妇从法国回基韦斯特的途中，暂时在此歇脚。

1，2，3 - 欧内斯特与玛莎，新的温情与默契。摄于1940年前后，瞭望农场。

1 - “老爹”在休息。摄于1940年，瞭望农场。

2 - 玛丽与欧内斯特及其妹妹厄苏拉。摄于1950年前后，瞭望农场。

3 - 和斯宾塞·屈塞以及格雷戈里奥·富恩特斯在《老人与海》的拍摄现场。

4 - 欧内斯特站在他名为《青年巴尔扎克》的肖像画前，这幅画是由他的朋友华尔多·皮埃斯于1929年在基韦斯特所画并亲笔题词。

5 - 玛丽在瞭望农场阅读《老人与海》。

欧内斯特此后一直居住在瞭望农场。在其去世后出版的作品都是在这里开始创作的——《伊甸园》、《岛在湾流中》、《流动的盛宴》和《曙光示真》。当《过河入林》受到公众的批评时，是农场见证了欧内斯特的失望；当他因《老人与海》而被授予诺贝尔奖时，也是农场见证了他的成功。更是在这个农场里，“老爹”的传奇最终写成。世界各地的记者来古巴采访欧内斯特，拍下他的每一面：在佛罗里达酒吧的“老爹”，在游泳池边的“老爹”，写作的“老爹”，打电话的“老爹”——“他们甚至拍了一张‘小黑’（他的一只猫）站在空椅子前的照片，以防万一。”欧内斯特抱怨道。虽然一开始，他对这种关注感到洋洋自得，但很快便因媒体的高度关注而感到痛苦：和他曾经追逐的金钱一样，公众的关注分散了他对于写作的注意力。“写作，当进展得很顺利时，便带来了一种孤独的生活。”他对霍奇纳说道，接着他又以《岛在湾流中》一书里托马斯·赫德森的口吻说，“当他（作家）摆脱孤独，成为公众人物的时候，他的创作往往会倒退。”

欧内斯特一直在旅游，欧洲，特别是西班牙，还有美国，有时还会乘坐“比拉尔号”，它的水手长于1938年变成了格雷戈里奥·富恩特斯。富恩特斯后来成为《老人与海》主人公圣地亚哥的原型之一。之后，当然还有第二次非洲之旅。古巴虽然是他的长久居住地，但是这里的人、广告和媒体都令他分心。如今，他再也找不到这个地方原有的安宁了。在《岛在湾流中》一书里，主人公是他本人的一个微小化身，书中所发生的事情也是如此，但他已经不再像从前那样，试图对其进行美化和加工了。在玛丽和他的传记作者卡洛斯·贝克尔的努力下，这部作品直到1970年才得以出版。“如果《流动的盛宴》是他人生中积极一面的写照，那么，《岛在湾流中》则描绘了他最沮丧的时刻。”该书发表于欧内斯特自杀九年之后，此时已有传记开始揭露海明威这座丰碑的内部构造，而这本书则突出了他对自身写作的担忧、他阴郁的一面以及那最终将其打败的失控状况。

2

4

3

1 - 在“比拉尔号”船上。

2 - 欧内斯特在称体重；他的体重及血压是其后半生始终操心的问题。这张照片由一位陌生摄影师在他家中所拍，也表现出公众对欧内斯特私生活的关注在不断增长。

3，4 - 欧内斯特和他最喜欢的猫之一“布里”在古巴的瞭望农场。

右图：欧内斯特在专心地阅读。摄于1955年前后，瞭望农场。

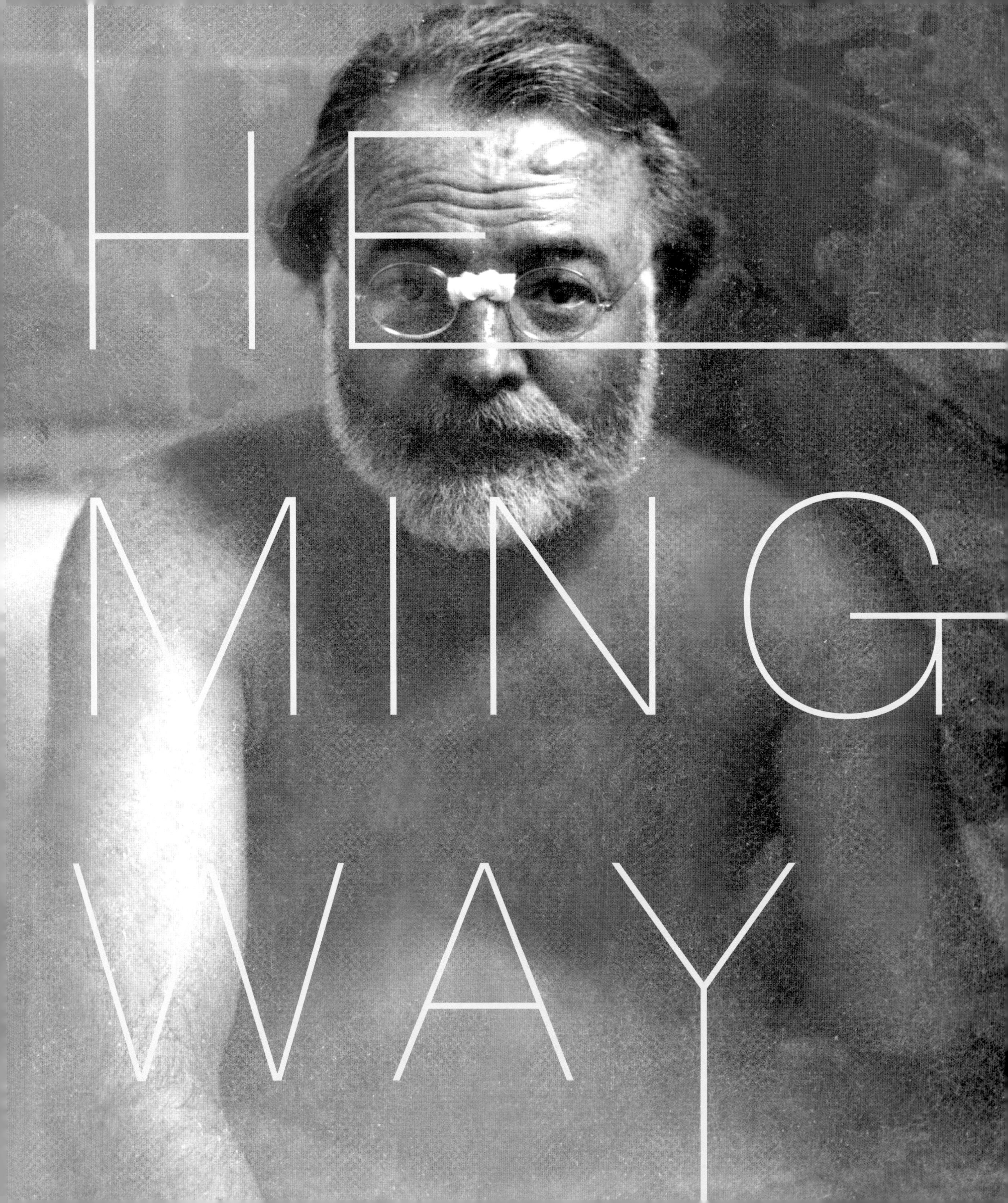

HE
MING
WAY

# 白象似的群山

## 没有女人的男人们的失乐园

1927年10月。在与第一任妻子哈德莱于3月11日离婚后，欧内斯特帮助她与他们的儿子约翰搬进了一套位于巴黎奥古斯特·布朗基大街的公寓，他还向哈德莱展示了自己最新的，也是第二部短篇小说集——《没有女人的男人们》。这部集子包含14个故事，每一个故事都如同一把尖刀撕扯着那因分离、罪恶感以及别处女人的企望而一直未能愈合的伤口。1926年9月，欧内斯特与哈德莱分居；哈德莱同意离婚，但前提是欧内斯特必须和保琳（他爱上的女人）分离一百天，如果在这之后他们依然相爱，她便同意离婚。1927年5月10日，欧内斯特与保琳结婚。1925年春天他们第一次相遇，在奥地利白雪皑皑的阿尔卑斯山上谱写了田园牧歌般的爱情，当欧内斯特从纽约回来时，并没有赶回去见哈德莱，“他没有乘这第一班车，也没有乘第二班或第三班车”，反倒是留在了巴黎陪伴保琳，在这期间，二人的感情飞速发展。

1957年秋天。欧内斯特与其第四任妻子玛丽居住在古巴的瞭望农场，在那里，借助在巴黎丽兹酒店找回的笔记，他开始写《流动的盛宴》，并在其中回忆了往昔的危机时刻。这本书描绘了欧内斯特的年轻岁月，以他与哈德莱的分离而结尾。他提到了他们在奥地利施伦斯一起度过的最后两个冬季。1925年冬天，罕见的大雪引起了雪崩，有九个人因为没有听从哈德莱、欧内斯特和他们的儿子约翰居住酒店的老板的劝告，在一次雪崩中丧生。欧内斯特写道，这个“多雪崩的可怕冬季”将当时在场的所有人都变成了“学生”，他们学习如何分辨不同类型的雪，如何避免危险区域以及在被雪困住时如何逃生。然而，这个见证死亡来临的冬季在欧内斯特的记忆里却是“童年时代的最快乐而天真的冬季之一”，他写道，“比起这之后欢娱外表下梦魇般的冬季以及随之而来的杀气腾腾的夏季”，这个多雪崩的冬季根本算不上什么。欧内斯特笔下杀气腾腾的夏季以及梦魇般的冬季指涉的是他与保琳的相遇以及第一段婚姻的结束。这个隐喻的意思很清楚：尽管欧内斯特学会了如何避免积雪之下隐藏的危险，但在男女关系这片同样危险且变化无常的土地上，他却没能幸免于难。

雪崩与女人是危险的来源，但也是写作的源泉：“那年，我写的大部分作品都是在雪崩时期完成的。”欧内斯特将痛苦与创伤当作写作的素材；他将它们转变成了艺术。三十年后，他依旧以这段艰难的时期为基础，以失去天堂般的语气进行写作。在欧内斯特的作品中，对女人的爱是打上怀念或预想、过去或未来的印记的，它很少有现在的痕迹——欧内斯特总是省略现在，女人也是一个无法到达的别处。他还记得“尚带着动物油脂的天然羊毛以及哈德莱，他童年时代天堂里的夏娃，用这羊毛钩织出了帽子与套衫，它们沾了雪也不会湿”。女人留在了他的写作里，而他对这段逝去的爱情的怀念则留在了那天然羊毛当中，留在了属于她的最美好的事物里，其他任何材质、任何女人都无法取代。值得注意的是，“修正”版《流动的盛宴》于2009年问世，由保琳的孙子——肖恩及帕特里克编辑完成。这个新的版本删减了欧内斯特因第一次离婚而产生的情感负担，试图使保琳摆脱以往这本书带给她的负面形象。

左页：尺寸问题：欧内斯特在测量一个战利品。摄于爱达荷州太阳谷，1940年。

1 - 欧内斯特的第一任妻子哈德莱正为他们的婚礼做准备。摄于1921年9月3日。

2，3 - 年轻的欧内斯特在哈德莱身边抽烟。摄于1921年夏。

“在年轻时，我一点都不想结婚，”欧内斯特1954年坦言道，“然而，一旦结了婚，我就再也不能没有妻子了。孩子也是一样。”他的许多短篇小说都刻画了男人因给予一个女人承诺并结婚从而走出青春期的故事。《了却一段情》是关于这个主题的第一篇故事：尼克·亚当斯，欧内斯特的化身，在恋情一切顺利的时候向女友提出了分手，而分手的唯一原因则是“没劲儿了”。1921年，当欧内斯特即将与哈德莱举行婚礼时，他写信给他的朋友比尔（其在《了却一段情》中也曾出现）：“一个男人，在他的一生中，心里会流淌着两三条溪流，他爱它们胜过全世界。有一天，当他爱上一个女孩时，所有这些见鬼的河流都会枯竭，而他本人也完全一样。”欧内斯特的眼前浮现出他父亲的形象，虽然他喜爱且尊敬父亲，但他认为父亲被母亲束缚得太多以致失去了男子气概。欧内斯特在他的小说及多次谈话中，曾提到“发现父亲是个懦夫是他一生中巨大的心理创伤”。然而，他强调这当中没有任何弗洛伊德的因素；他的母亲是个“十足的美国坏女人”，他说道。尽管欧内斯特从来没有明言，但他无时无刻不在暗示，是他的母亲使其丈夫失去了男子气概，把他变成了懦夫（在欧内斯特的崇高理念中，变成懦夫是发生在一个男人身上最坏的事）——这个懦夫最终走向了自杀。

1 - 哈德莱与欧内斯特的第一个孩子“邦比”约翰。摄于1924年，巴黎。

2 - 欧内斯特与邦比，同年。

3 - 欧内斯特与哈德莱的婚礼照。从左到右依次为厄苏拉、卡罗尔（欧内斯特的两个妹妹）、哈德莱、欧内斯特、格莱斯、莱斯特（海明威家最小的孩子）以及父亲克拉伦斯。

在巴黎的那些年，哈德莱是欧内斯特平庸、不起眼的伴侣，常常只有在白天，她才在人前扮演妻子的角色。在格特鲁德·斯泰因的家中，她通常都是与爱丽丝·托克拉斯（格特鲁德的同居女伴）交谈，这是因为，斯泰因略带嘲讽地写道，在过去，当一些知名男士带着他们的妻子前来做客时，爱丽丝的职责就是与他们的妻子聊天。斯泰因十分瞧不起艺术家这种对性别进行角色划分的做法：男人创造、谈论艺术，而他们的妻子则闲聊、讨论服饰。1920年代的巴黎彻底动摇了青年欧内斯特对生活以及性的理解。格特鲁德·斯泰因"教授"给他的性别文化，让他意识到自身男性创造者的狭隘视野的局限。在多个故事里，欧内斯特都表达了他面对婚姻的极度不安，比如在《艾略特夫妇》中，一个无能的作家，在自己的写作变得贫乏而枯燥时发现，比起自己，他的妻子更愿意与一个女人睡觉。

人们争先恐后地重复着，欧内斯特是一个大男子主义作家，他不关心女人，只知道赞颂男性的粗暴和蛮横。然而，他的男性主人公却展现了世上男性观念的局限性与贫乏性。比如，短篇《雨中的猫》展现了欧内斯特世界里男人对女人的不理解；仅被称作"美国妻子"的女人说她想要留长发，想要一条新裙子和一只小猫时，她的丈夫躺在床上，手里拿着书，抱怨道："啊，闭上你的嘴！找点东西去读。"就像哈德莱在格特鲁德·斯泰因家中的遭遇一样，这个无名的女人简化为一个性别符号，反而激起读者对这个年轻女孩的深切同情。通过欧内斯特的书写，男性的自私与不成熟非但没有被赞颂，反而得到了揭露与批判，与此形成对比的是，"海明威"的行为却与此大相径庭。

同许多其他的故事一样，这则短篇还表现出一种成为父亲的焦虑。除了与孩子之间可能发生的冲突之外，他还害怕作为玩伴和性伙伴的女人会成为一个母亲，男人会被剥夺爱，但更重要的还是害怕孩子会取代艺术的力量。害怕生育会杀死创造。在与保琳结婚之后，欧内斯特就带着她一起来到了地中海沿岸的艾格—莫尔特度蜜月。在那里，欧内斯特写下了他最为触动人心的作品之一——《白象似的群山》，这则短篇因其女性视角的讲述方式而更加动人。一对情侣在西班牙某个地方等火车；男人想要说服他的女伴去堕胎，理由是不要因此而结束他们现在这般自由自在的性冒险式的生活，他们的行李箱、"他们曾过夜的所有旅馆的标签"见证了这一切。男人试图劝说女人去做"这件事"（"堕胎"一词从未被说出），之后他们便可以"拥有一切"，"到处去逛逛"。后来，当欧内斯特被告知哈德莱怀孕时，他向格特鲁德·斯泰因袒露觉得自己还太年轻，还不能成为一名父亲。生育被认为是自由的终结以及一种背叛。

对于哈德莱来说，这种背叛还连带着一件虽然普通却造成痛苦后果的意外事故：我们都还记得她丢失行李箱的事。四十年后，当有人再次向哈德莱问及此事，她仍旧控制不住流泪。虽然欧内斯特因为手稿的丢失而感到崩溃，但他保证永远不会因为这件事而怨恨她。然而这件事之后，他却为自己绘制了一幅陪伴其终生的图示，其中，女人被视为摧毁才华的背叛者。对于欧内斯特来说，"巴黎是幸福的代名词"，他的传记作家亚伦·霍奇纳后来写道，但这句话所指的只是他记忆中与那个没有孩子、到处旅行的哈德莱相联系的巴黎。虽然欧内斯特对他的儿子表现得温柔而又亲切，但他一直相信如果哈德莱不要孩子，那么他们理想化的婚姻也就不会结束。

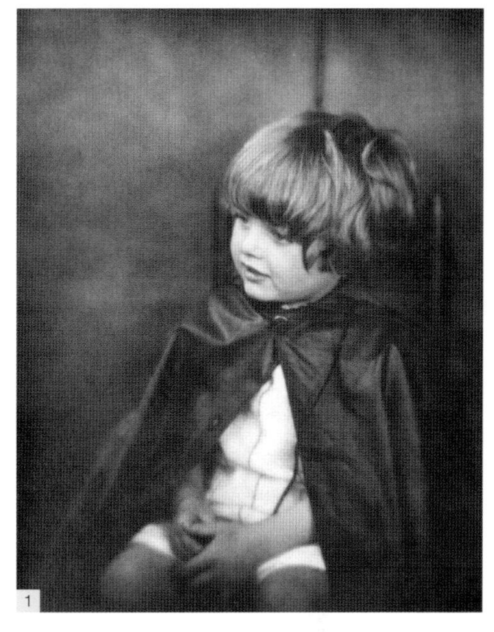

1 -"邦比"在巴黎。摄于1926年前后。

2 - 帕特里克，小名"小耗子"。摄于1929年，基韦斯特。

“这就是我们年轻时的巴黎，那时我们很穷却很快乐。”对于写下这句话的男人来说，在其一生中，金钱是女人对他的另一种背叛。如果说哈德莱是理想化的，这也是因为她并不富有（虽然在一段时间内，欧内斯特与她是依靠她的年息过活的），对于认为“饥饿是很好的锻炼”的艺术家来说，哈德莱就代表着陪他一起吃苦的伴侣形象。男人的自由是与他的贫穷联系在一起的——而贫穷则总是与欧内斯特以及哈德莱如影随形。保琳，她是富有的。在《流动的盛宴》当中，欧内斯特将他与哈德莱分手的原因归结于保琳和“有钱人”。他以一种夸张而又感伤的语调宣告他们的“出现”：他们“留下的一切都比阿提拉[1]的马队的铁蹄曾经践踏过的草原更加了无生气”。保琳也是其中之一，她用了“世界上最古老的诡计”无情地抢夺了另一个女人的丈夫，而这个女人在她的作家丈夫身边却只是“天真地尽着本分”。这样一个善良、勤恳而又单纯的哈德莱却被游手好闲又具摧毁性的坏女人保琳打败了。在《乞力马扎罗的雪》中，奄奄一息的哈里责怪自己当初不应该为了奢华的生活一次又一次地离婚去娶更有钱的女人为妻，这些女人使他变得懦弱，失去了男子气概与创造力。在《流动的盛宴》里，欧内斯特写道，自己要是在遇见那个使他与妻子离婚的女人之前死去就好了。当他离婚时，他立下遗嘱，《太阳照常升起》及其今后所有书的版税都归“邦比”所有（这个安排后来又根据他的其他妻子以及孩子进行了调整）。欧内斯特奉行一种感情用事又奇怪的节俭作风，他的慷慨大方（他将米罗的画作《农场》也赠予了哈德莱）是对他所承受的内疚及痛苦的一种补偿。

1

1 阿提拉，古代欧亚大陆匈人的领袖和皇帝，类似上天惩罚的阿提拉劫掠使其获得了“上帝之鞭”的绰号。

2

3

4

左页：保琳。摄于1929年，基韦斯特。

1 - 欧内斯特、保琳、约翰与帕特里克在圣塞巴斯蒂安的海滩上。

2 - 1932年在怀俄明州，保琳将头发剪得像个男孩子似的，一头棕发；1929年（左页），她的头发还是金色的。欧内斯特对头发一直充满了幻想。

3 - 1926年，在潘普洛纳的“杀气腾腾的夏季”。从左至右为海明威夫妇的朋友墨菲夫妇、保琳、欧内斯特与哈德莱，在他们前面的是一些也想入镜的打蜡工。他们每一个人都像在看着别处——抑或是已经在别处了。

4 - 欧内斯特与保琳。摄于1927年，他们结婚的那一年。

欧内斯特以后的婚姻实际上是对他第一段婚姻的焦虑重复，也是想要找回失落天堂里那份真爱的尝试。三十年后，与玛丽在非洲旅行时，他在“非洲日记”里写道：“这个女人是我的最爱，她是最美好的，她是我长子的母亲［……］昨晚在梦中，我是多么高兴能拥着我最爱的女人入眠……”离婚之后，欧内斯特写了一个又一个故事，一部又一部小说，想要以此驱赶那些罪恶的魔鬼，就像所有的驱魔仪式一样，这一次也非常猛烈。在哈德莱规定的一百天里，欧内斯特写信给保琳说尽管他是因为保琳才犯下这样的罪孽，但他却不想让其承受罪孽带来的重压，因此，他想要自杀。猛烈的驱魔在《印第安人营地》里爆发，故事中，在尼克惊愕的注视下，医生为产妇进行了剖腹产手术，接生下一个孩子，但孩子的父亲最终却割喉自杀。在《岛在湾流中》一书里，欧内斯特“杀死”了主人公的前妻及其所有的孩子。

《永别了，武器》可能是这当中最具象征性的一部作品。这部小说写于他与保琳婚姻的前几年，描绘了中尉弗雷德里克·亨利与护士凯瑟琳·勃克莱之间的爱情故事。在弗雷德里克离开军队，告别武器之后，他也就结束了男人的英勇壮举，从而获得了在瑞士简朴宁静的生活。这对爱侣在一座山区木屋中愉快地生活，之后，凯瑟琳便怀孕了。当她在洛桑的一家诊所生产时，欧内斯特却选择让其难产而死，牺牲了母亲与孩子。凯瑟琳的第一个原型是艾格尼丝·冯·库洛斯基，这是欧内斯特在米兰疗养时爱上的一个护士。对他来说，与艾格尼丝的相遇是“那特别的一年里最圆满的结局”，因为这是他第一次真正爱上一个人。当他被艾格尼丝抛弃，并且不得不满怀着悲伤孤身一人回到美国时，欧内斯特感受到了巨大的痛苦。然而，尽管艾格尼丝的许多经历与凯瑟琳相近，但她只构成了凯瑟琳·勃克莱的一部分。与欧内斯特通常的做法一样，凯瑟琳是由其生命中的众多女人组合而成的。这些女人于他而言，只有在生活中失去，在别处，即写作中重新找到时，才是可以理解与接近的。

1 - 欧内斯特与儿子帕特里克、格瑞戈里在和瞭望农场的猫玩耍。摄于1940年前后。

2 - 保琳。摄于1929年，基韦斯特。

3 - 瞭望农场的帕特里克。摄于1940年前后。

4 - 欧内斯特的三个儿子，帕特里克、约翰与格瑞戈里。摄于1935年，基韦斯特。

5 - “邦比”约翰在摆拍。

4

“凯瑟琳悲剧的根源在于这个不被期待的孩子。”在《永别了，武器》中，欧内斯特在母亲与孩子牺牲的情节中，加入了洛桑（遗失手稿的地方）、尚碧的山区木屋（他们与哈德莱滑雪的地方）这些元素，并结合了哈德莱不被期待的生育以及保琳的剖腹产手术——“人们最终不得不像对待骑马斗牛士的马一样割开她的肚子。”凯瑟琳为她的情人奉献了一切，但她的情人却从未对她全心投入；同样，欧内斯特后来回顾一生时也说，他从未像哈德莱爱他一般爱过保琳。欧内斯特笔下主人公的名字也一直在重复着哈德莱（Hadley）的名字——我们在欧内斯特经常使用的“亨利”与“哈里”中听到了“h”的发音，在“海伦”这个名字里也一样。《乞力马扎罗的雪》中的“海伦”与“哈里”，《永别了，武器》里的“亨利”与“勃克莱（Barkley）”以及《有钱人和没钱人》当中的“海伦”与“布拉德利（Bradley）”，都是通过“h”与“y”的结合使“哈德莱”这个名字不断回响。在《有钱人和没钱人》当中，这种猛烈的驱魔转而又明确地指向了男人，当海伦说：“爱情是你带我去做的那种肮脏的、吓得人没命的打胎手术。[……] 行了。我跟你玩儿完了，也跟爱情玩儿完了。你这种令人作呕的爱情。你这作家！”

欧内斯特后来一直将爱情、性和写作联系在一起。当威廉·福克纳（他永远的文学对手）获悉欧内斯特自杀的消息时，说道：“海明威的错误就在于他认为自己应该娶了她们所有人。”这里，我们可以看到欧内斯特本质上接受的是清教徒式教育，其实在他的小说中，也从来没有真正意义上的性自由；偶尔那么几次也都是为了批判那些因为性自由而深陷痛苦之中的作家，他们的痛苦从忏悔一直延伸到淋病。斯科特·菲茨杰拉德在欧内斯特第一次离婚时曾提出，欧内斯特“每写一部‘伟大的作品’都需要换一个妻子”。尽管这个理论在数字上并不那么确切符合，但欧内斯特从其妻子（其中有诗意的部分，但也不乏残忍）身上获取写作素材却是真的。保琳，但尤其是玛莎与玛丽，之所以没有表现出与哈德莱一般的女性形象，是因为当与这样一个已经离开的、理想中的女人相比较时，她们总是会失去光彩。

5

欧内斯特与他的第三个儿子格瑞戈里，这一刻永远停留在罗伯特·卡帕的照片中。摄于1941年10月，爱荷华州太阳谷。

欧内斯特写道："我每写完一个故事，都感觉自己像是被掏空了，但同时又感到既悲伤又快乐，就像做爱之后一样。"同样，他强烈谴责："在一个人写书的时候去打扰他，[……]这和去打扰一个正在床上做爱的人一样令人不快。"欧内斯特第二次离婚时并没有像第一次一样悲伤；他后来甚至认为保琳是在为她曾经犯下的错误做出偿还——"以剑为生的人最终会被剑所伤"，他简短地评价。他之所以与保琳离婚的另一个原因是他必须在做爱时中断性交：一方面，保琳在两次剖腹产手术之后，身体不应该再受孕了；另一方面，她的天主教信仰又不允许她采取避孕措施。欧内斯特只后悔过一次婚姻，即与玛莎的结合。婚礼之后，他去喝酒，当被问到想喝什么时，他回答："一杯毒芹汁。"他与玛莎的婚姻如同暴风雨般动荡不安，因为他们一直在进行着比赛：玛莎是一位专业的记者，在前线报道时，她像男人一般勇敢；她完全不是一个温顺而热情的性伙伴，她做的所有事情都让欧内斯特感觉自己作为男性的统治地位与掌控力受到了质疑。她是欧内斯特唯一一个主动离开他并提出离婚的妻子。而玛丽则知道要去迁就、容忍丈夫的怪癖以及名气，这是玛莎所不知道（更不愿意！）去做的。玛丽还知道要对欧内斯特的艳遇睁一只眼闭一只眼："作为一个身体健康的男人，他有过'不止一位女伴'。"她后来心平气和地说道。

欧内斯特这些或多或少不为人知的艳遇往往与他想充分体验性爱的需要有关，他认为性是其写作表达的一部分。简·梅孙是他在1930年代最轰动一时的缪斯与情人之一，她曾被美国总统卡尔文·柯立芝称作"拜访过白宫的最美丽的女人"。简极其美丽，但她也拥有玛乔丽——这个《了却一段情》中的年轻情人的诸多性格特征。简像男人一样喝酒，喜欢捕鱼，适应"比拉尔号"船上斯巴达式的艰苦条件，在射猎鸽子时也取得了令人印象深刻的好成绩。她在性方面积极主动，有许多情人，这使欧内斯特妒忌得发疯；在他们炽热的分分合合中，简以《弗朗西斯·麦康伯短暂的幸福生活》里那个吸引人而又令人嫌恶的坏女人的身份再次出现。通常，"现实生活中越有激情，写作中就表现得越强烈"。简最后与欧内斯特的一个朋友结了婚，而这次的相遇已经在为他的下一段故事做好准备——与玛莎的故事。

左页：欧内斯特与玛莎。罗伯特·卡帕摄于1939年，爱达荷州太阳谷。

1 - 玛莎。摄于1940年瞭望农场。

2 - 欧内斯特、他的儿子们、玛莎和托比·布鲁斯——欧内斯特的朋友及管家。摄于1940年，太阳谷。

1 - 虽然欧内斯特很早就树立起粗野的形象，但他有些时候也会做上流社会打扮。这是与玛丽在前往欧洲的途中。摄于1949年，“法兰西岛号”游轮上。

2 - 摄于威尼斯，1949年。

右页：一个与自身形象更相符的欧内斯特与玛丽在爱达荷州。

在欧内斯特笔下，只有两位女性主人公不是盎格鲁—撒克逊人，她们的名字读音也不会使人联想起哈德莱：《丧钟为谁而鸣》里的玛丽亚以及《过河入林》中的瑞娜塔。这些如太阳般耀眼的人物也是由许多曾经被欧内斯特如同勘探富饶土地般探索过的女人结合而成的，而她们的特别之处则在于她们代表了力量与希望。欧内斯特笔下着墨最多的女性形象是瑞娜塔，这个年轻漂亮、被坎特威尔上校称为他“最后的、真正的、唯一的爱”的威尼斯公主。当欧内斯特与阿德丽亚纳·伊凡西奇（瑞娜塔的原型）的关系变得公开化之后（她向大众报纸公开了他们的事），她说道，她的角色就是“重建欧内斯特写作的活力”。欧内斯特与玛丽在意大利游玩时遇见了阿德丽亚纳；那时的阿德丽亚纳与欧内斯特在福萨尔塔受伤时的年纪相同，于是他立刻将其写入了自己人生的小说。欧内斯特与她的关系非常亲近，即使与上校一样，他们始终保持着纯洁的关系。她化身为瑞娜塔出现在这部发生在威尼斯的小说中，而于欧内斯特而言，小说中的浪漫爱情弥补了这段始终如一的柏拉图式的爱情。后来，在玛丽（她咽下了怒气）的支持下，阿德丽亚纳拜访了瞭望农场并为第一版《过河入林》画了封面。

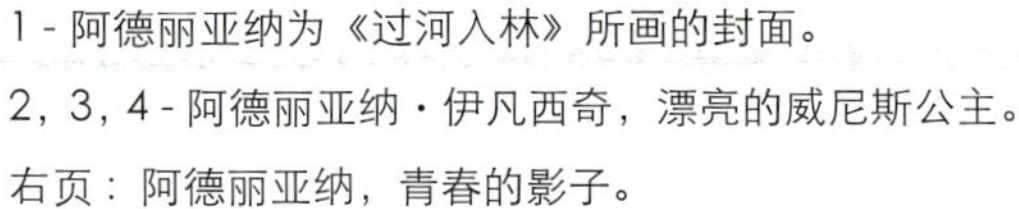

1 - 阿德丽亚纳为《过河入林》所画的封面。
2，3，4 - 阿德丽亚纳·伊凡西奇，漂亮的威尼斯公主。
右页：阿德丽亚纳，青春的影子。

这部作品之所以受到评论界的严厉批评（甚至到今天），部分是因为一些很糟糕的原因。虽然这本书当中确实有一些多愁善感、浮浅的段落，但大家尤其指责了欧内斯特与阿德丽亚纳在小说中清晰可辨（几乎真实）的个人形象展现。当其他女人只是引导男性主人公坚强地接受自身的衰老和死亡时，瑞娜塔（和玛丽亚一样）却为他提供了一种年轻与新生的视角。当欧内斯特逐渐老去时，是这些年轻的女人“让他再次有了心动的感觉”。有些人希望笔下所写与心中所想能够始终保持一致；然而，即使写作始终不变，执笔的人却是不断变化的。一个五十岁男人的心与他二十岁时相比是不一样的。

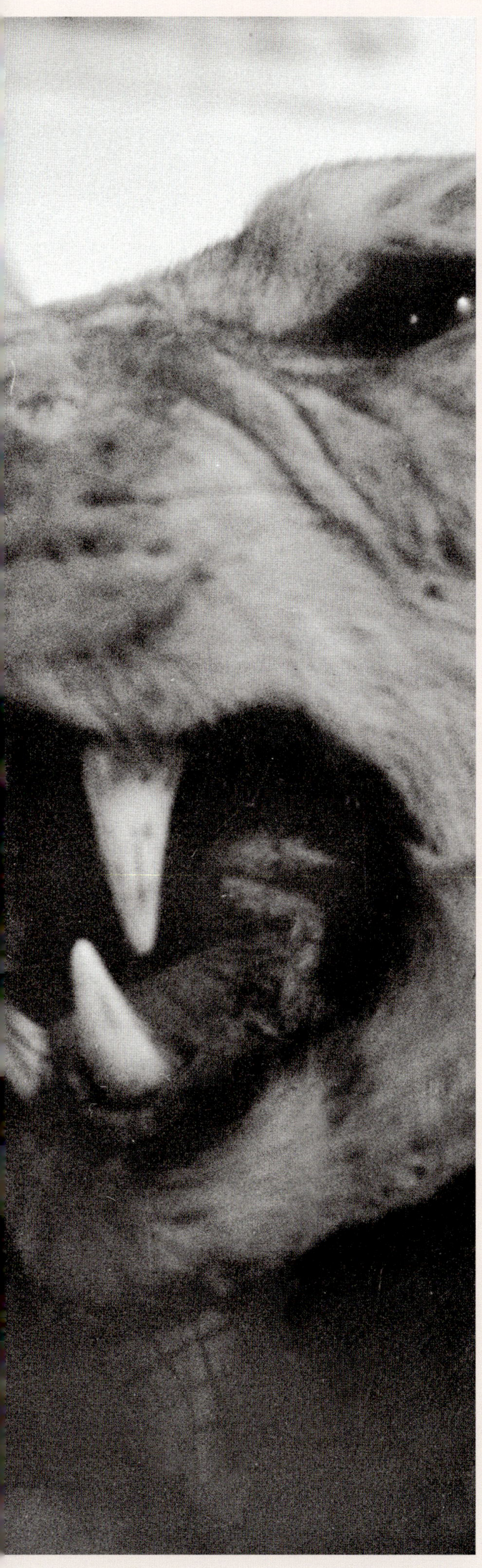

1 - 拜访瞭望农场时的阿德丽亚纳，1950年至1951年秋冬。

2 - 欧内斯特与劳伦·芭考尔。

左页：欧内斯特与阿德丽亚纳。摄于1953年，古巴。

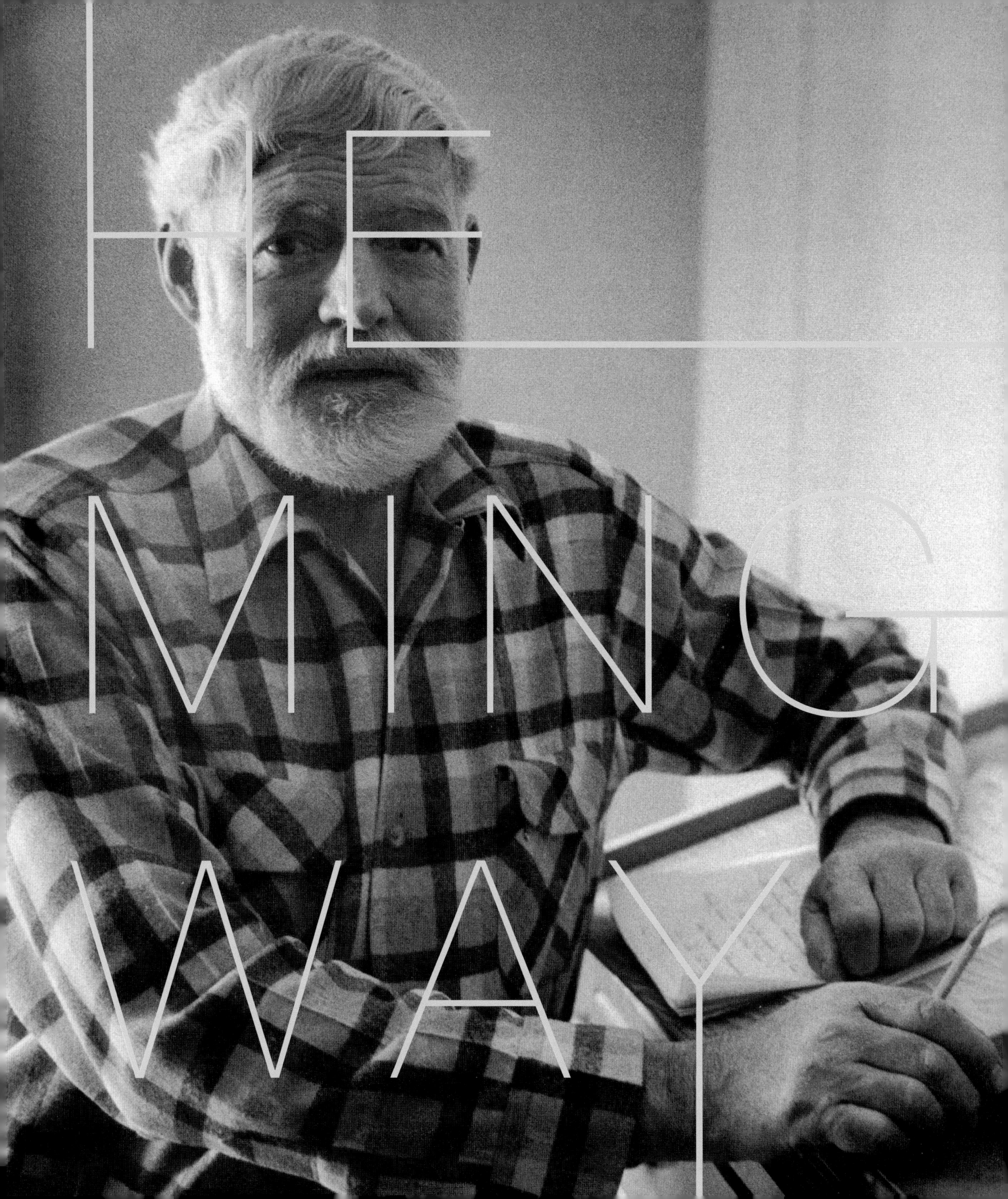
HE
MING
WAY

# 最后一方清净地

## 欧内斯特、“海明威”及身后

第二次飞机失事之后，当欧内斯特被人从草原上救出时，他还饶有兴致地阅读起报道他去世的讣告，上面称其最终屈服于他一直以来的“对死亡的渴望”。然而对此，他却反驳道：“如果一个人终其一生都在寻求死亡，那他怎么还会在五十四岁以前都没能死去呢？”在《过河入林》中，坎特威尔上校称死亡为他的“老兄弟”，而欧内斯特大多数时候却把死亡叫作“这个老荡妇”。从他很小的时候起，死亡就一直吸引着他。如果说他已经将死亡的表现融入其艺术追求以及对人类暴力间接、含蓄的揭露当中，那么死亡也是“海明威”这个人物形象（有时这个人物形象的构成与其本人无关）不可分割的一部分。这个人物形象与死亡之间早已建立了一种被限定的关系形式，这使得1953年，当他失踪的消息传来时，许多人把这个消息当作是海明威（这个带有明显死亡倾向的男人）最终命运的确认书。

死亡是欧内斯特生活中熟悉的同伴。他的作品中无数的暗示如同其生活中众多的证据一般表明，在他身上有一种自我毁灭的倾向，一种想要面对世界或者其自身暴力的意愿，他察觉出了这种暴力并且害怕自己不能通过写作去阻止它。从青少年时期开始，还有在与哈德莱订婚期间，与保琳结婚时，与简·梅孙保持充满激情却又令人失望的暧昧关系时，与玛莎如暴风雨般动荡不安的婚姻期间，与阿德丽亚纳柏拉图式的激情当中，以及最终享誉全球却再也没有片刻休息的时候，欧内斯特一直在毁灭的边缘摇摇欲坠。

1950年代，在欧内斯特从意大利前往西班牙的途中，他遭到了一群疯狂粉丝的包围并且险些被踩踏，这些粉丝要求他在“所有他们手边的东西，从《解放黑人奴隶宣言》到《炖菜》”上签名。“真是够了！”欧内斯特惊恐不已地大叫道，“我宁愿待在布蒂亚巴的第二架飞机上。”就像他自己所说的那样，无论在世界的哪一处地方，只要欧内斯特一走上街头，就必定会发生骚乱。对于一个以写作为职业的人来说，这种情况是难以忍受的，尤其是当他被罪恶感所困扰并且清楚地意识到自己是问题来源的一部分的时候。“我曾经拥有的私生活是多么美好，而现在却觉得像是有人在里面方便，用脏兮兮的纸擦完后便丢弃一边，不管不顾。”

左页：欧内斯特在摆姿势，让意大利艺术家安东尼奥·卢卡尔达为其塑半身像。摄于威尼斯附近的托尔切洛岛。

尽管他有反知识分子、反学院派的一面，但自1950年代起，还是出现了许多关于他的研究。像通常一样，欧内斯特为他所引起的关注感到洋洋自得，而一旦这些学术研究没有描绘他以为或原本希望会出现的人物形象时，他便会生气发怒。虽然这些学术研究质量参差不齐，有关欧内斯特本人及其作品的解读又大相径庭，但它们都提出，欧内斯特并不总是他自己工作和生活的最佳评判者。最重要的是，欧内斯特一直害怕那些对其书作进行心理学与精神分析式解读的研究，他认为这完全是对其私人生活的一种入侵。他清楚地了解自己作品中的一部分变成了（有时就在他眼前）"海明威"，但他还是一心希望保护自己小说的构建秘密。我们今天之所以非常了解欧内斯特生活的许多私密细节——他不常洗澡，更喜欢用酒精擦身，他极少穿内衣，有时会说粗话，曾与许多明星有暧昧关系（无论纯洁与否），从玛琳·黛德丽到英格丽·褒曼，还有艾娃·加德纳——是因为他的私生活已经变得公开化了。他的知己与同伴亚伦·霍奇纳对这种强盗行为表示惋惜，并指责玛丽作为欧内斯特的文学作品代理人，违背了他迫切的愿望，"出版了他的大量书信，其中有些是非常私人的"。而在另一方面，玛丽则声称如果欧内斯特知道霍奇纳有一天会"写一本暴露自己晚年偏执狂形象的书，他早就会杀了霍奇纳——也许不是自己动手，可能会安排一场车祸或是让他被墨西哥湾暖流卷走"。

自相矛盾的是，一方面，欧内斯特似乎不停地想为自己树立威望，而另一方面，他却近乎病态地害羞。他害怕在公众场合讲话，讨厌社交活动并且害怕打电话——唯一的例外是玛琳·黛德丽，虽然她不喜欢叫他"老爹"，但欧内斯特却喜欢与她在电话的一端交谈。他对自己的形象很有自知且在照相机与摄像机前表现得很好，但他却最不喜欢摆姿势，至少是在脱离了某些预定框架的时候，比如渔夫与他的鱼、猎人与他的战利品以及所有使"海明威"这一视觉形象最终定型的经典组合。尤素福·卡什，欧内斯特最负盛名的身着卷领羊毛衫的肖像照的作者，在谈起他时说道，他是"我拍过最害羞的人"，是一个试图躲在"寂静且神秘的墙"背后的人。出于对自身的不确定，欧内斯特需要一面由他人的崇拜所组成的镜子，然而，在这面镜子里，他却认不出自己了。

1，2 - 与英格丽·褒曼；一生的友谊与眷恋。

3 - 狩猎，从左至右为欧内斯特、加里·库珀以及他们的向导泰勒·威廉姆斯。摄于1940年，爱达荷州。

右页：这个男人与其形象如此相似，已然密不可分：尤素福·卡什于1957年为欧内斯特拍摄的肖像照。

欧内斯特与玛琳·黛德丽：他称她为“我的女儿”或者开玩笑地称其为“德国佬”。自1934年在一艘横渡大西洋的客轮上相遇后，两人之间发生过一段爱情故事。但是，欧内斯特后来说，他们为“一种不协调的激情所累”。

AVION AIR MAIL AVION AIR MAIL

Urgent.

1949-50?

Mr. E. Hemingway
Room 607
Sherry Netherlands
Hotel

VIA AIR MAIL
PAR AVION

Papa —

my eye got so bad after reading about two hours — I had to stop. Couldn't sleep — finally took a sleeping pill — and slept much too late for Washington lawyers who came here for Tax Conference — sat with them till evening. I hate to make decisions but I had too.

Finished the manuscript just now. It is like a terrible animal lying quietly in your room and you don't know when it will kill you. That is very badly said, Papa beloved. I read it with one eye and my heart had gooseflesh — I will tell you better with my voice than in writing.

I kiss you and Mary

one of your daughters

Marlene

1950年3月

看了两个小时书之后，我的一只眼睛非常难受，我不得不停止阅读。睡不着觉。最后我吃了些安眠药睡下。我睡了太久，直到华盛顿的律师来了，我才醒。他们来这儿是为了跟我讨论税收问题。

我们一直讨论到晚上很晚。我不喜欢做决定，但在这件事上，我必须下决心。

我刚刚读完手稿。这就像是一只待在房间里的有气无力的猛兽，你永远不知道它什么时候会杀了你。

哦，老爹，我不知道怎么说。我只能用一只眼睛去读，我的心害怕得都起了鸡皮疙瘩。但相比写下来，我更想要亲口告诉你这一切。

亲吻你，以及玛丽。

你的女儿

玛琳

Your Kraut

两次飞机失事之后，欧内斯特身体虚弱，越来越屈服于作家的职业怪癖：酒精。他酒量不错，通常喝了酒后只是变得更加外向一点，说话有些不连贯，但他的儿子以及亲友却证实其饮酒量大得惊人。他每天喝两三瓶烈酒（杜松子酒是他的最爱），吃饭的时候还要喝大量的葡萄酒。酒精不仅损伤了他的身体，还使他的记忆力与注意力逐渐衰弱，而缺乏记忆力与注意力，他就不能写作了。此外，欧内斯特还遭受了最近一部小说失败的打击——"我拒绝去读《过河入林》的评论，不是因为有压力，而是因为这些评论索然无味，毫无建设性，像是看一份陌生人的洗衣清单。"他在1951年，这本书出版一年后说道。这部小说首先在《世界主义者》杂志上连载，它令人失望，因为没有达到欧内斯特以往小说（如《太阳照常升起》）的水准，并且坎特威尔上校也没有延续一些杂志（如《生活》杂志）正在打造的"海明威"传奇。欧内斯特并没有写出他原本希望呈现的作品，他越来越害怕看到"海明威"这颗星星失去光彩。

在《过河入林》中，上校将打仗称为"苦差事（在文中用法语）"。霍奇纳曾写道，有一次聚会中，他们喝了很多酒，其间欧内斯特曾提起这份"苦差事"；回去之后，他又对霍奇纳说："你知道什么才是真正的苦差事吗？［……］是写作。你看，这才是真正的苦差事。"这句话强调了欧内斯特对写作全心投入到何种程度，写作于他而言是一个有关生与死的问题（"写作是唯一一件让我觉得没有在这世界上浪费时间的事"），也是一个有关胜利与失败的问题。他终其一生都觉得自己在与同时代的其他作家比赛（安德烈·马尔罗、辛克莱·刘易斯、斯科特·菲茨杰拉德、威廉·福克纳），甚至是几个世纪前的作家："你应该一直以自己最好的水准写作，去和已经去世的作家进行比较［……］把他们一个个打败。为什么你不在第一场战斗时就去挑战陀思妥耶夫斯基呢？"

在阿德丽亚纳离开瞭望农场十一天以后，即1951年2月17日，欧内斯特完成了《老人与海》。在开始写这本书之前，他将已经动笔的《岛在湾流中》（再也没有完成）搁置一边，带着同样的创作热情去写这本书，希望它可以成为自己的"通俗版《白鲸》[1]"，获得大众喜爱并以此重回冠军宝座。他并不满意《老人与海》这本书的封面，因为画家错将黑色的马林鱼画成了金枪鱼，但这丝毫没有妨碍这本书获得惊人的成功：它被选为"当月最佳书籍"，初次印刷册数达到了十五万三千册，之后，1952年9月1日，刊有《老人与海》的那一期《生活》杂志也发行了五百三十万册。后来，斯克利布纳公司再次印刷了五万册并且在第一年就收到了译著所带来的差不多十万美元的版税。在这样一个媒体热情颂扬、销售数字如风暴般上升的氛围下，我们很难再去评价这本书的质量究竟如何。然而，《老人与海》并不是一部完美无缺的小说。在这本书中，有一些与《过河入林》里最平庸的章节别无二致的感伤段落，还有一些充当深刻哲理的庸俗之言以及浓重的基督教象征，这种象征在其改编电影（差强人意，受到了欧内斯特的羞辱）中还得到了强化。虽然如此，"海明威"还是成了一股无法抗拒的力量；他重新登上了高峰。

左页：在卡罗尔·里德拍摄《我们在哈瓦那的人》期间，欧内斯特与演员、剧作家诺埃尔·科沃德在邋遢乔酒吧。

---

1 《白鲸》（*Moby Dick*）是19世纪美国最重要的小说家之一赫尔曼·梅尔维尔于1851年发表的一篇海洋题材的小说，小说描写了亚哈船长为了追逐并杀死白鲸（实为白色抹香鲸）莫比·迪克，最终与白鲸同归于尽的故事。

1

1 - 1952年9月的《生活》杂志封面，这一期刊登了《老人与海》。

2 - 当一个作家成为世界上最有名的人之一……

3 - 那些使海明威成为20世纪公认的学院派与大众文化代表人物的电影剧照。这是亨利·金所拍摄的《乞力马扎罗的雪》的剧照，主演为格利高里·派克、艾娃·加德纳与苏珊·海沃德。

4 - 洛克·哈德森主演的《永别了，武器》。

5 - 格利高里·派克与英格丽·褒曼主演的《丧钟为谁而鸣》。

6 - 斯宾塞·屈塞主演的《老人与海》。

2

GREGORY PECK in Schnee am KILIMANDSCHARO
SUSAN HAYWARD · AVA GARDNER · HILDEGARD KNEF

3

In einem andern Land

4

Universal International
GARY COOPER
INGRID BERGMANN
AKIM TAMIROFF
in
„Wem die Stunde schlägt"
(FOR WHOM THE BELL TOLLS)
Regie: SAM WOOD
Ein Farbfilm
Ein Film der Paramount im Verleih der Universal

5

6

SPENCER TRACY
in
ERNEST HEMINGWAY's
DER ALTE MANN UND DAS MEER
(THE OLD MAN AND THE SEA)
Regie: John Sturges
Ein Farbfilm in
WarnerColor
FSK
FREIGEGEBEN

1954年从非洲回来以后，欧内斯特就开始出现了早衰的症状。虽然他只有五十五岁，但看上去却比实际年龄长了十岁。他的头发一下子变得苍白稀少了，曾经让所有人惊叹的自信步伐如今也变得犹豫不决。此时他已凭借《老人与海》荣获普利策奖，本应是好好休息的时候了，却又被预测可能获得下一届诺贝尔文学奖：他再一次感受到了压力。以他那时的状态并不能够“投入诺奖争夺战”中，然而他在1954年秋天获此殊荣。他自称身体不适（但最主要是想逃避社交活动）没有前往瑞典参加授奖典礼，而是请美国驻瑞典大使代他宣读了一篇简短明了的获奖演说：“一个作家的生活，在最好的状态下，是一种孤独的生活。[……] 在摆脱孤独的同时，他的公众形象会提升，而他的作品常常会倒退。”

接下来的几个夏天，欧内斯特大多在古巴度过，这是他生命中最为消沉的一段日子，忙于与各种病痛做斗争。尽管他外形看似高大健壮，但实际上身体很虚弱。自青少年时代以来，欧内斯特一生遭受了数不清的或轻或重的外伤，还有那些一直影响着他、因酒精而加重的病痛。一个又一个医生都尝试让他接受一种与其健康状况更加相符的生活方式。但欧内斯特已进入了一个恶性循环当中，并因此患上了血压与胆固醇引起的疾病。不久后他开始节食，但这种修道士般的生活让他不堪重负：于是他又开始喝酒，就这样循环往复。

1 - 欧内斯特与菲德尔·卡斯特罗：1950年代最有名的两个大胡子。

2 - 欧内斯特高兴地看着他的诺贝尔奖证书。摄于1954年。

3 - 海明威成为一个商标。在潘普洛纳以及其他地方，如马德里、巴黎或者基韦斯特，大家炫耀着这个地方是“老爹”经常来的。好笑的是，甚至到今天还有一家马德里的餐馆打出广告：“我们保证海明威从来没到这里吃过饭。”

4 - 每两年，全世界“老爹”形象的狂热者与研究专家就会聚集到一起参加海明威国际会议。这是2010年7月在洛桑召开的会议。

5 - 模仿“老爹”的比赛每年都会在基韦斯特举行。

6 - 哈瓦那佛罗里达酒吧里海明威的真人比例铜像。

1950年代末，古巴开始让欧内斯特觉得沉重抑郁；它不再是一处避难所，而是一个焦虑之所，在那儿，他被生活紧紧攫住。他是名人，巴蒂斯塔政权常要求他为他们做宣传。因而，他只要一走出家门，就会听见人们呼喊他："老爹！老爹！"人们来佛罗里达酒吧不再是为了喝酒，而是希望能够看到欧内斯特，或靠在吧台上的"海明威"。对于身体不适的欧内斯特来说，热带炎热的气候也开始变得难以承受。飓风时常在岛上肆虐，欧内斯特不仅因风暴破坏了景致而惋惜，更因旅游业发展所导致的自然破坏而难过。政治氛围也非常沉重：腐朽的巴蒂斯塔政权已陷入绝境，一场新的飓风即将席卷整个古巴岛。

欧内斯特怀念在西班牙的岁月，追忆自己对左翼联盟的情感支持，并且由于没有亲身体验古巴的暴力革命，其财产也在这场斗争中完好无损，因此，他带着一种促进和解的善意欢迎了卡斯特罗政权的建立。在当时古巴日益高涨的反美主义氛围中，一直厌恶巴蒂斯塔暴行的欧内斯特还是受到了人们的喜爱与欢迎。"Sic transit hijo de puta"[1]是他写给巴蒂斯塔的墓志铭，他与菲德尔·卡斯特罗的关系却很友好。卡斯特罗也很高兴能够炫耀有这样一个外国佬公开支持他的革命事业。一位苏联的部长甚至还去瞭望农场拜访欧内斯特，并提出要偿还其被苏联冻结的版税；但欧内斯特却回答，除非其他美国作家也可以获得同样的补偿，不然他是不会接受的。形势不断恶化：不久，他的朋友们便纷纷被当局剥夺了财产并驱逐出境。身为作家、友人的欧内斯特以及"海明威"——当局希望能够加以利用的公众形象，这两种身份之间已经有了一道鸿沟。

1958年，他已动身前往爱荷华州的凯彻姆。他与加里·库珀（曾出演电影《丧钟为谁而鸣》以及《永别了，武器》）又恢复了联系并一起在太阳谷中打猎。1959年，为了给《生活》杂志写通讯报道，他来到西班牙观看多明昆与奥多涅兹之间的一对一斗牛赛，并重新恢复了对斗牛的激情。斗牛赛与爱荷华州的山丘：他年轻时候的景色。

1 西班牙语，意为这里埋葬的是一个王八蛋。

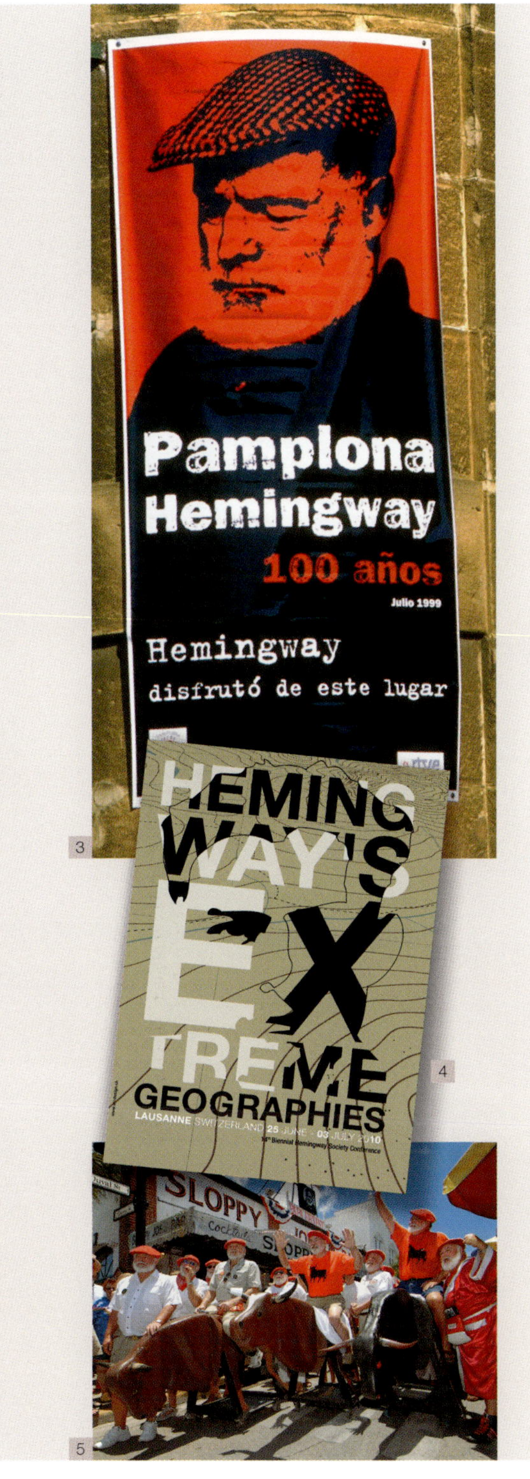

左页及1 - 欧内斯特在康秀拉庄园（安达卢西亚）拆封礼物和祝贺的电报，并观看表演。大家为他庆祝60岁生日。

2 - 刻在奥多涅兹农场墙上的预言般的话："除了成功之外，没有任何东西能够如此改变一个朋友，无论这成功是我们的还是朋友的。"

欧内斯特已年届六十，但他仍需要一个全新的地平线：玛丽与他要去寻找一处古巴之外的新居所。就像写于1950年代的关于尼克·亚当斯后期的故事（《最后一方清净地》里所描述的那样，他必须穿越现实中令人恐惧的沼泽地去寻求一个新的"秘密场所"），别处永远比明天更加美好。

为了庆祝欧内斯特的六十岁生日，玛丽准备为他在西班牙南部的康秀拉庄园举办一场纪念聚会。而当天正好也是持剑斗牛士的妻子卡门·奥多涅兹的生日，因此，大家便为这个伟大的男人组织了一场盛大的宴会；当时，大家就发觉他身体每况愈下。欧内斯特自己也承认，他以前一直喜欢大吵大嚷，令人厌烦又不识趣，是"一个实实在在的王八蛋"；但如今他的价值观变得不一样了。以前那个始终小心谨慎、带着敬意使用武器的他，现在却以拔下宾客嘴上的香烟取乐；那个维护斗牛的道德标准与纯洁性的他，现在却将自己的朋友霍奇纳打扮成持剑斗牛士的模样并让其在奥多涅兹的斗牛士入场式上走秀；那个敬重兄弟情谊的他，现在却因为他的朋友以及战友兰哈姆将军——特地为欧内斯特而来——推了自己一下而大为生气，喊道"没有人有权利去碰他的头"。面对这个人物，这样一个伟大的人物，我们无法拒绝接受有关他的任何事；但这些事情却慢慢见证了他的愤怒与抑郁已经到了何种程度，它们接连而至，令他既恼火又忧虑。

这些行为已经变得如此熟悉：每当欧内斯特感觉一片土地狭窄而又对他有敌意的时候，他受不了了，便会四处奔走，去寻找一个新的别处。这次，他选中了西班牙：这里有牛、写作，还有死亡。那里还有新的爱情冲动，就像阿德丽亚纳时期一样，尽管这对玛丽而言是很难受的，但她不得不强忍下她的嫉妒与痛苦——欧内斯特在充满激情时一向是残忍的，跟"海明威"是没法讲道理的。那时，瓦莱丽·丹贝—史密斯[9]年轻、聪明、生机勃勃，当然还很漂亮，她脸上长着雀斑，态度保守但又不失年轻人大胆的作风。在欧内斯特的想象中，她与"戈雅画中那些脸色苍白的贵妇有某种相似之处"，他最终将瓦莱丽以其私人秘书的身份留在了身边。对于这两人的亲密程度，大家意见不一；但欧内斯特对瓦莱丽一直保持着强烈的感情，也许他希望能够在这段感情当中找到一种新的情感与创造活力。

回到古巴以后，欧内斯特于1960年5月28日完成了《危险的夏天》并且开始了《流动的盛宴》的写作。当《流动的盛宴》在他去世三年后出版时，这本书成了一把度量他整个职业生涯的标尺。然而，与其说它是一本自传，还不如说它是一部虚构的作品，欧内斯特在书中以他自己的方式为我们描绘了"海明威"。欧内斯特之后被送进了梅约诊所，通过电疗法治疗他的精神疾病，仅仅几个月之前，他还声称自己能够再次写出充满力量的文字，然而现实却是他的写作正在倒退。

在这期间，卡斯特罗将古巴所有的私人资产收归国有。欧内斯特对钱财并不在意，但他非常珍视自己的手稿与画作。当他与霍奇纳想要回纽约将《危险的夏天》的手稿送去给斯克利布纳公司时，他们因卡斯特罗取消了所有飞往美国的航班而无法成行。欧内斯特的一个老朋友是干走私行当的，他"没有利用哈瓦那的海关服务"，用塞斯纳小型飞机直接将霍奇纳以及一沓打印好的文稿送到了基韦斯特。欧内斯特与玛丽随后前往纽约，就像已经算好了时间一般，欧内斯特、霍奇纳与斯克利布纳在纽约商讨了首先应该出版哪部手稿。

1 - 从欧内斯特最后一处居所——位于凯彻姆的房子的窗户看出去的景色。

2 - 欧内斯特。摄于1960年，爱荷华州。摄影师约翰·布莱森告诉他自己想要一张有动作的照片。

右页：摄于1960年，爱荷华州。

欧内斯特的健康状况很糟糕。除了一直困扰他的病痛之外，他还遭受着抑郁症与妄想症的困扰，流露出想要自杀的倾向。1960年11月，他的病情突然加重，让他的朋友及亲人完全慌了手脚。玛丽希望凯彻姆的山丘可以让欧内斯特想起西班牙，从而让他放松安静下来；但他还是表现得焦躁不安，拒绝与朋友外出狩猎或者仅是勉强答应。霍奇纳前来看望欧内斯特，告诉他好莱坞正准备将尼克·亚当斯的故事翻拍成电影并请了加里·库珀来扮演该角色。他希望这个好消息能够让欧内斯特振作精神，但欧内斯特却不甚在意，反倒十分生气地告诉他，自己的电话已经遭到FBI探员的监听。由于古巴革命，欧内斯特的瞭望农场被收归国有，失去农场使他感到非常沮丧，再也无法专心修改自己的手稿，“欧内斯特有时会站在枪架旁，手放在其中一把枪上，出神地看着远处的群山”。

霍奇纳联系的一位纽约精神病专家曾经描述，当时欧内斯特有“抑郁症与受迫害妄想症”的症状。11月30日，欧内斯特以他一位好朋友的名字登记住进明尼苏达州罗切斯特的梅约诊所。12月，欧内斯特接受了11次电疗，这不仅损伤了他的身体，更对其精神造成了巨大的伤害。医生认为治疗效果不错，但玛丽（她在这段圣诞假期中已经精疲力竭）却眼睁睁地看着丈夫的病情逐步恶化。欧内斯特对霍奇纳说：“这些电疗医生忽视的，就是那些与作家息息相关的东西，内疚、忏悔以及作家写作所需的一切；摧毁我的脑袋，抹去我的记忆（我最重要的东西），使我一无所有，这样做究竟是为了什么？”

与霍奇纳会面完几天后，1961年1月22日，欧内斯特离开了医院。回到凯彻姆之后，他又重新开始狩猎、谈论规划，重拾了对“尼克·亚当斯的世界”的电影改编的兴趣。但在4月，他却因为无法完成之前承诺斯克利布纳公司的《流动的盛宴》而感到绝望：“这本出色的、该死的书，我不能完成它了［……］。无论是这个秋天，还是明年春天，或者是十年之后。我不能完成了。”

欧内斯特试图扑向一架正在跑道上起飞的飞机，想要冲进它的螺旋桨；他越来越频繁地提到自杀。最后，他第二次被送入罗切斯特的医院进行治疗。新一轮电疗；他声称他们正在破坏他的记忆。负责欧内斯特的临床医生数念珠般讲出一长串他所遭受的病痛（出现幻觉、受迫害妄想症、偏执狂、焦虑不安），这数念珠般的声音比起祈祷更像是一种驱魔咒。

1 - 与加里·库珀一起。欧内斯特很喜欢这个演员，因为他是一个“忠于他自己的人”。库珀罹患癌症的消息令他非常难过，在欧内斯特去世前几周，库珀去世。

2 - 欧内斯特葬礼上的宗教仪式。摄于爱荷华州凯彻姆市。

2

在《有钱人和没钱人》中，有个人物凝视着一把柯尔特左轮手枪说道：“这些妙极了的美国器械携带是这么方便，效果是这么可靠，用来结束一个已经成为梦魇的美国梦是设计得这么好；它们的唯一缺点是留给家属们清洗的那种血肉模糊的模样。”

7月2日，玛丽听到“砰砰”两声开关抽屉似的声音。

后来，朋友们赶来清洗了所有的东西，使这间起居室（欧内斯特在里面朝着自己的脑袋开了两枪）“没有一点杂乱的痕迹，也没有污渍”。对于那些希望追忆“老爹”以及要求分割其遗产的人来说，头等大事是为欧内斯特举行葬礼：这一严格私人化的葬礼在凯彻姆举行。欧内斯特曾说过：“在我这种年纪，我依然会为水仙花以及故事的忽然出现而感到惊奇。”

我们也是。

Elgin
H. H. GERHARDT
JEWELER
ST. LOUIS

## 1899年

7月21日　欧内斯特·米勒·海明威出生于伊利诺伊州橡树园镇。

### 1900年

克拉伦斯与格莱斯·海明威在瓦隆湖畔建造了一间农舍，即“温德米尔”。

### 1909年

欧内斯特从父亲那里获得了第一支猎枪。他的偶像西奥多·罗斯福前往非洲进行狩猎之旅。

### 1912年

欧内斯特写下第一首诗。

### 1913—1916年

在橡树园中学学习。

## 1917年

欧内斯特成为《堪萨斯城星报》记者。

### 1918年

4月　欧内斯特决定加入意大利红十字会。

5月23日　乘坐“芝加哥号”穿越大西洋。

7月8日　欧内斯特在福萨尔塔迪皮亚韦腿部受重伤。在米兰近郊住院疗养的期间，与艾格尼丝·冯·库洛斯基相识。

### 1919年

1月　欧内斯特失望地返回美国。

### 1920年

1月—5月　短居多伦多。

## 1921年

9月3日　与哈德莱·理查逊结婚。

12月20日　海明威夫妇来到巴黎。

### 1922年

3月　结识格特鲁德·斯泰因。

9月　欧内斯特被《多伦多星报》派往土耳其报道希土战争。

12月　国际和平会议在洛桑召开。

## 1923年

6月　第一次前往潘普洛纳旅行。

8月　他的第一本书——《三篇故事和十首诗》在第戎印刷。

10月10日　约翰·哈德莱·尼卡诺·海明威出生，小名“邦比”。

### 1924年

1月19日　欧内斯特与哈德莱在巴黎田园圣母院街113号定居。

9月　欧内斯特、哈德莱与邦比前往福拉尔贝格州的施伦斯过冬。

### 1925年

5月　与弗朗西斯·斯科特·菲茨杰拉德结下友谊。

左页：欧内斯特的挂表。

10月　《在我们的时代里》在纽约出版（Boni & Livenight出版社）。欧内斯特买下米罗的《农场》并赠予哈德莱。

12月25日　保琳·帕发弗与海明威夫妇在施伦斯相聚。

### 1926年

3月　在巴黎与保琳·帕发弗开始暧昧关系。

5月　斯克利布纳公司出版《春潮》。

10月22日　同样在斯克利布纳公司出版了《太阳照常升起》。

### 1927年

3月11日　欧内斯特与哈德莱离婚。

5月10日　与保琳·帕发弗结婚。

## 1928年

3月　欧内斯特与保琳在基韦斯特定居。

6月28日　帕特里克·海明威，“小耗子”出生。

12月6日　克拉伦斯·海明威用手枪朝自己的头部开了一枪自杀。

### 1929年

9月27日　《永别了，武器》出版。

### 1931年

11月12日　格瑞戈里·汉考克·海明威出生，小名“奇奇”。

### 1932年

9月23日　《午后之死》出版。

### 1933年

12月　在菲利普·潘西沃的带领下，进行第一次非洲旅行。

## 1934年

5月　欧内斯特收到了之前订购的游艇“比拉尔号”。

### 1935年

10月25日　《非洲的青山》出版。

### 1936年

8月　在《绅士》杂志发表《乞力马扎罗的雪》。

### 1937年

1月　作为“北美报业联盟”的记者去采访西班牙内战。

3月　来到巴塞罗那；与尤里斯·伊文思计划合作拍摄一部电影《西班牙大地》。

7月8日　在基韦斯特，与前来采访他的玛莎·盖尔霍恩相遇。

9月　欧内斯特与玛莎前往马德里。

10月15日　《有钱人和没钱人》出版。

### 1939年

4月　玛莎租下了哈瓦那的瞭望农场。

### 1940年

10月　《丧钟为谁而鸣》（献给玛莎）出版。

11月21日　欧内斯特与玛莎·盖尔霍恩在纽约结婚。

右页：华尔多·皮埃斯于1929年所作的欧内斯特画像——《青年巴尔扎克》。

## 1941年

2月—3月　玛莎被派到中国报道中日战争，欧内斯特同往。

## 1942年

6月　利用“比拉尔号”进行反间谍活动，追踪德国潜艇。

## 1944年

3月　与玛莎前往欧洲，为《柯里尔氏》报道战争情况。

5月17日　欧内斯特与玛丽·威尔什在伦敦相遇。

8月25日　欧内斯特随法国内地军进入巴黎。

10月28日　欧内斯特获悉儿子约翰被德国军队抓捕。

12月　在德军反攻后，欧内斯特在阿尔登省加入了兰哈姆将军的军队。

## 1945年

5月2日　玛丽来到瞭望农场。

## 1946年

3月14日　欧内斯特与玛丽·威尔什在哈瓦那结婚。

## 1948年

12月　与伊万娜·伊凡西奇相识。

## 1950年

9月　《过河入林》出版，阿德丽亚纳为其画了封面。

## 1951年

6月28日　格莱斯·海明威于孟菲斯去世。

9月　保琳于洛杉矶去世。

## 1952年

3月　巴蒂斯塔在古巴发动政变。

9月　在《生活》杂志发表《老人与海》。

# 1953年

5月　《老人与海》获得普利策奖。

8月　同样在菲利普·潘西沃的带领下，进行第二次非洲旅行。

## 1954年

2月　众多大型报刊报道了欧内斯特飞机失事，过早宣告了他的去世。

10月28日　宣布获得诺贝尔文学奖。

## 1958年

10月　定居于爱达荷州凯彻姆市。

## 1959年

5月　欧内斯特前往西班牙旅游并观看多明昆与奥多涅兹之间的斗牛赛。

## 1960年

7月　欧内斯特最终离开菲德尔·卡斯特罗掌权下的古巴。

9月　最后一次的西班牙之旅。回来后，欧内斯特被送往罗切斯特的梅约诊所接受治疗。

## 1961年

4月—6月　再次住进梅约诊所接受电疗，之后乘车返回凯彻姆。

7月2日　欧内斯特·海明威用他的卡宾枪结束了自己的生命。

左页：古巴渔民。摄于1934年。

## 注释：

第32页[1]：我很感谢肯尼思·林恩，他将海明威的生平与沃波尔的小说巧妙地联系了起来。

第39页[2]：伽利玛出版社翻译的版本与本书中所引用的不同："秋天，战争还在继续，但我们再也不去打仗了。"这一翻译意思虽然表达到位，但忽略了战争的地形因素。我很感谢阿格涅丝卡·佐尔蒂西科，她让我注意到了战争同样是一个场所。（书中引用原文为："la guerre était toujours là"，中文直译为"战争始终在那儿"；而伽利玛出版社则翻译为"la guerre durait toujours"，意为"战争还在继续"，忽略了战争的地理因素。）

第70页[3]："巴黎是一场盛宴"，选自《流动的盛宴》，由斯克利布纳出版社于1964年在纽约出版。在海明威生命的最后几年里，他一直在古巴写这本书。这本书最终由海明威的最后一任妻子玛丽完成；如今，我们已无法确切地分辨哪一部分是出自海明威本人之手，哪一部分是由他的妻子所作。2009年，由肖恩·海明威（海明威及其第二任妻子保琳的孙子）主编的新版本问世。这一版本主要是为了帮保琳修复1964年版本所带给她的负面形象；与保琳相反，在1964年的版本里，海明威的第一任妻子哈德莱则被塑造成了一个幸福的守护者，海明威在离开她之后，就永远地失去了幸福。详见本书的第7和第8章。

第86页[4]：小牛赛跑。

第88页[5]：我将M.-E.宽德罗法译本中的"toréador"替换成了"matador"（两者均意为"斗牛士"），字面意思为"杀手"，因为"matador"是西班牙的惯用语，而《小罗贝尔词典》中也说道："'toréador'现在仍然还被一些完全不懂斗牛的人所使用。"

第91页[6]：我删去了R.多马尔译本中引用"真理时刻"时所使用的引号，因为引号的使用会让人联想到这是一种说话方式或是一幅图像，而海明威在这里则试图让这一"真理时刻"尽可能地具体真实。

第105页[7]：汉斯·迈耶所著的《穿越东非冰川：首次攀登乞力马扎罗山记录》（伦敦，1891年）。在最早的坦噶尼喀地图上，乞力马扎罗山的三个山峰之一就是以这位地理学家（1889年，他在三次尝试后最终登顶）的名字命名的。

第109页[8]："男子气概的戏剧"这一表达照应了托马斯·斯特利查科斯所著的《海明威的男子气概之戏》这一标题（路易斯安那州立大学，2003年）。

第181页[9]：瓦莱丽·丹贝一史密斯以瓦莱丽·海明威［她在与格瑞戈里·海明威（海明威的第三个儿子，与保琳所生）结婚后获得了这个姓］这个名字而闻名。1961年，瓦莱丽与格瑞戈里在海明威的葬礼上相识，"在此后的近二十年里，他们的生活充满可怕的吵闹，但也不乏温情和美好的时刻"（RWB，第106页）。在他们离婚前，格瑞戈里做了变性手术，最终于2001年悲惨地死去。

## 参考书目：

卡洛斯·贝克尔：《海明威：一生的故事》，两卷本，克洛德·诺埃尔、安德烈·R.皮卡尔译，巴黎：罗贝尔·拉封出版社，1971年。

乔治·巴塔耶：《爱欲之泪》，巴黎：让—雅克·珀维尔出版社，1961年，1971年收录进"10/18"丛书。

斯科特·唐纳德：《意志力：欧内斯特·海明威的生活和艺术》，纽约：维京出版社，1977年。

皮埃尔·迪皮伊：《海明威和西班牙》，图尔奈：书籍新生出版社，2001年。

费德里科·加西亚·洛尔迦：《理论与精灵的游戏》，收录于《洛尔迦作品全集》，米格尔·加西亚—波沙达主编，收录于"歌剧世界"丛书，马德里：银河出版社。

罗曼·加里：《欧洲教育》，收录于《我的传奇》，米雷耶·萨科特主编，1956年；2009年由巴黎伽利玛出版社再版，收录于"第四"丛书。

皮特·格里芬：《与青春同行：海明威早年》，纽约、牛津：牛津大学出版社，1985年。

欧内斯特·海明威：《过河入林》，纽约：斯克利布纳公司，1950年。

欧内斯特·海明威：《岛在湾流中》，纽约：斯克利布纳公司，1970年。

欧内斯特·海明威：《海明威小说集》，两卷本，罗杰·阿瑟利诺主编，巴黎：伽利玛出版社，1966年。

欧内斯特·海明威：《海明威短篇小说集》，收录于"第四"丛书，巴黎：伽利玛出版社，1999年。

欧内斯特·海明威：《有钱人和没钱人》，纽约：斯克利布纳公司，1937年（1966年再版）。

欧内斯特·海明威：《欧内斯特·海明威短篇故事全集：瞭望农场版》，纽约：斯克利布纳公司，2003年。

瓦莱丽·海明威：《我与海明威家的男人们》，纽约：兰登书屋，2004年。

亚伦·E.霍奇纳：《老爹海明威：回忆录》，纽约：达卡波出版社，1966年（2005年再版）。

伯妮斯·柯特：《海明威的女人》，纽约：诺顿出版社，1983年。

米歇尔·莱里斯：《被视为斗牛的文学》，收录于《人的年岁》，巴黎：伽利玛出版社，1939年；2006年于伽利玛出版社再版，收录于"文学经典"丛书。

肯尼思·林恩：《海明威》，纽约：西蒙与舒斯特出版社，1987年。［Lynn］

杰弗里·迈耶斯：《海明威传记》，伦敦：麦克米伦出版社，1985年。

迈克·雷诺兹：《海明威的一战：〈永别了，武器〉的诞生》，新泽西州：普林斯顿大学出版社，1976年。

格特鲁德·斯泰因：《爱丽丝·托克拉斯自传》，纽约：美国书库，1998年。

左页：非洲狩猎之旅，泰森摄于1953年。

装扮成小姑娘模样的欧内斯特站在自家门前。摄于1905年。

## 海明威作品

《三篇故事和十首诗》，巴黎、第戎：联络出版公司，1923年。

《在我们的时代里》，巴黎：三山出版社，1924年。

《在我们的时代里》，纽约：博奈—利夫莱特出版社，1925年。

《春潮》，纽约：斯克利布纳，1926年。

《太阳照常升起》，纽约：斯克利布纳，1926年。

《今天是星期五》，新泽西州恩格尔伍德：稳定出版社，1926年。

《没有女人的男人们》，纽约：斯克利布纳，1927年。

《永别了，武器》，纽约：斯克利布纳，1929年。

《在我们的时代里》，纽约：斯克利布纳，1930年。由埃德蒙·威尔逊作序（收录了短篇小说《在士麦那码头上》)。

《午后之死》，纽约：斯克利布纳，1932年。

《胜利者一无所获》，纽约：斯克利布纳，1933年。

《先生们,上帝使你们愉快的休息》，纽约：有限图书之家，1933年。

《非洲的青山》，纽约：斯克利布纳，1935年。

《有钱人和没钱人》，纽约：斯克利布纳，1935年。

《西班牙大地》，克里夫兰：J. B. 苏瓦吉出版公司，1938年。

《第五纵队和首辑四十九篇》，纽约：斯克利布纳，1938年。

《丧钟为谁而鸣》，纽约：斯克利布纳，1940年。

《战斗者》，纽约：皇冠出版集团，1942年。

《海明威口袋书》，马尔科姆·考利主编，纽约：维京出版社，1944年。

《海明威主要作品集》，伦敦：乔纳森·凯普出版社，1947年。

《过河入林》，纽约：斯克利布纳，1950年。

《老人与海》，纽约：斯克利布纳，1952年。

《海明威选集》，纽约：斯克利布纳，1953年。

《海明威诗歌集》，旧金山，1960年（未经许可版权）。

《乞力马扎罗的雪》，纽约：斯克利布纳，1961年。

《海明威：狂野年代》，纽约：戴尔出版集团，1962年（本书收录了作家1920年至1924年所作文章）。

《流动的盛宴》，纽约：斯克利布纳，1964年。

《欧内斯特·海明威署名报道：四段时期的文章及报道精选》，威廉·怀特主编，纽约：斯克利布纳，1967年。

《见习记者欧内斯特·海明威》，马修·J.布鲁克利主编，匹兹堡：匹兹堡大学出版社，1970年。

《岛在湾流中》，纽约：斯克利布纳，1970年。

《尼克·亚当斯故事集》，纽约：斯克利布纳，1972年。

《88首诗》，尼古拉斯·格洛吉尼斯主编，纽约、伦敦：哈考特·布雷斯·乔瓦诺维奇/布鲁克利·克拉克出版社联合出版，1979年。

《欧内斯特·海明威书信选集：1917—1961》，卡洛斯·贝克尔主编，纽约：斯克利布纳，1981年。

《伊甸园》，纽约：斯克利布纳，1986年。

《欧内斯特·海明威短篇故事全集：瞭望农场版》，纽约：斯克利布纳，2003年。

《海明威诗歌全集》，尼古拉斯·格洛吉尼斯主编，内布拉斯加州立大学出版社，1992年。

左页：欧内斯特。摄于1960年前后。

## 照片版权声明

本书中所使用的照片主要收藏于波士顿约翰·肯尼迪图书馆大众图书区。

以下照片除外：

伽马（第10页：让—菲利普·沙博尼耶；171页：尤素福·卡什）；维基共享资源（18页右下图）；罗伯特·卡帕／国际图片中心／马格南图片社（52页下方图，53页左下图，54页上方图，156—157页图，158页图）；门肯（56页右侧图）；AKG图像公司（65页：胡安·米罗，《农场》，由奥多涅兹拍摄，现收藏于华盛顿国家美术馆；122页；177页）；档案街（66页中间及下方图，67页，69页上方图，70页上方图，131页上方图：《南德报》；140页左下方图：格兰杰收藏中心）；罗德罗（84页及86页中部图）；卡诺·马德里（95页上方图，100页左下方图；180页图；181页上方图）；奎瓦斯（96页左上方及右下方图，100页右侧图）；富诺尔（95页下方图，101页）；布罗斯（96页下方图，97页）；伯克（98页左下方图）；霍奇纳（99页下方图，100页左上方图）；厄尔·泰森（102、108、110、111页图，112页左侧及下方图，114页，115页除右侧图）；华盖创意图片库（第6页：黛博拉·贾菲／孔图尔；130页、131页下方图、179页右下方图：斯文·克里兹曼／曼波摄影公司；170页右侧图：鲍勃·兰德里；170页下方图：洛伊德·阿诺德；172、186页下方图：赫尔顿档案；174页：皮特·斯塔克波尔；179页上方图：阿尔弗雷德·艾森斯塔特；176页左下方图：厄尔·泰森；178页上方图：美国档案馆；179页上方图：科尔·罗伯逊；182页右侧图：约翰·布莱森；187页上方图：弗朗西斯·密勒）；列文斯（142页右侧图）；保罗·瑞德凯（142页左下方图）；马姆伯格（144—145页图）；阿诺德（148及159页左下方图）；哈蒙（160页左上方图）；斯克利布纳出版公司（162页上方图）；韦吕齐（159页中间偏左图）；布莱森（165、183及184—185页图）。

对于本书中所使用的作者不具名的图片资料，为了表示对原作者图片所有权及其精神权利的尊重，编者决定保留他们的权利，待以后查明后再逐一列出。

左页：摄于1959年。当奥多涅兹为欧内斯特拍照时，欧内斯特也在拍他！

# 致 谢

在我的国度，人们感恩。

勒内·夏尔

我们从来都不是独自一人在写作。当我们通过欧内斯特·海明威的作品去描绘他本人的时候就更加不会如此。这样一部作品，哪怕只署上了一个人的姓名，却是一个集体记忆与叙述的成果。海明威通过他的作品为我们所熟知，也正是因此，他才在同时代成千上万的人当中脱颖而出，而那成千上万的人曾经都像他一样生活过、痛苦过、奋斗过、爱过，有过希望也经历过希望的破灭。我们有时会因他们的故事而感动，但大部分时候却是不感兴趣的。欧内斯特·海明威是他作品的产物；他也是博学的大众文化以及那些续存下这种文化的人们留给我们的一个人物。无论是谁来写“海明威”，他都欠半个多世纪以来那些为我们构建出这个人物的海明威传记作者一笔巨大的人情债。海明威的子孙为我们提供了那些曾经在他小说中出现过的人物过去真实存在的证明。而与他的孙女玛瑞儿共同设计这本书的封面又给我带来了怎样的感受呢？一方面是荣幸，而另一方面则是从共同的经历出发去一同完成这些事情的道德感，这更加珍贵。如果没有卡洛斯·贝克尔、杰弗里·迈耶斯、肯尼思·林恩、斯科特·唐纳德、皮特·格里芬、迈克·雷诺兹或是伯妮斯·柯特为撰写海明威传记所做出的巨大努力，如果没有那些与海明威一起生活过的人（如玛丽·海明威、瓦莱丽·海明威以及亚伦·霍奇纳）所写的回忆录，这部作品是不可能问世的。很少有二十世纪的作家能够像海明威一样在学者与文人之间激起如此大的热情；一本书的容量无法引据完全所有与其相关的著作，也正是海明威将我们领入其写作中的别处。这并不是一本集中介绍、解析海明威作品的书，尽管它的许多章节是来源于由海明威的作品带来的数以百计的文章以及评论性书籍。这部作品也是，并且尤其是对多年以来一直持续着的关于海明威的作品及其相关讲座、课程、研讨会及笔记、著作、数不清的文章，以及在记录着其成就的场所（如橡树园、巴黎、基韦斯特、马德里、龙达、洛桑、斯切萨……）中发生的无休止对话的研究的一个反馈。我对海明威的每一位热情、关切的读者表示感激，并向他们致以我最诚挚的感谢。海明威国际组织与基金会每两年会在与海明威的生活或作品相关的地方举行一次研讨会；最近一次会议于2010年在瑞士洛桑召开，主题为“海明威异于常人的地理认知”。这个博学而友好的组织中的成员——苏珊娜·德·基佐、迈克·费德斯比、柯尔克·科尔纳特、詹姆斯·麦瑞德斯、E. H. 斯通帕克、艾伦·约瑟夫斯、卡尔·伊比，他们的支持对我来说至关重要；来自波士顿肯尼迪图书馆、苏珊·乌瑞恩（海明威收藏的保管人）以及他的同事劳瑞尔·奥斯汀、玛丽罗斯·格罗斯曼与马尔蒂·维尔索的帮助于我而言同样是必不可少的。如果没有洛桑大学对我无论身体还是心理上的支持，我将很难完成这本书：这里的同学们促使我更加用心地阅读，而合作者们也在我写作这本书的整个过程中一直给予我帮助与支持。同时，我十分感谢米歇尔·拉丰的编辑团队，他们为这本书的出版创造了许多奇迹。最后，我想感谢我的家人与朋友，他们在我最需要的时候给予了我支持（这不是英语特有的表达）与鼓励：如果没有他们，这本书现在可能不会在别处——读者朋友的手上。

鲍里斯·维多夫斯基

左页：欧内斯特。摄于1944年。

## 原编者致谢

卡琳·迪沃斯，莱拉·巴特利，

迈克尔·卡塔基斯，叶塞尼亚·桑托斯，伊莎贝尔·维根德，

詹姆斯·H. 麦瑞德斯，柯尔克·科尔纳特，吉纳维芙·西里—梅恩，

彼得·瑞瓦，

苏珊·乌瑞恩，罗莉·奥斯汀，马尔蒂·维尔索，玛丽罗斯·格罗斯曼，莎拉·卢多维西，

诺曼·阿贝尔勒，穆里埃尔·费讷，洛克西·莱文斯顿，斯科特·布里森，让·沙伯，

艾尔莎·拉丰—戈德斯坦和乔娜·戈德斯坦，

贝尔纳黛特·德罗姆和达尼埃尔·德罗姆

原主编

爱德华·布隆—克吕泽尔

原创意设计

马修·托万